시조(時調)로 읽는

4복음서

To.

From

재미있고 맛있는 성경시조

시조(時調)로 읽는
4복음서

유화웅
지음

머리말

모든 이들이 부르는 노래가 되길

인류를 향한 가장 위대한 선언은 '태초에 하나님이 천지를 창조하셨다'는 하나님의 말씀입니다.

그리고 천지에 있는 이름에 오직 한 분에게만 붙여진 '그리스도' 곧 '메시야'로 인해 죄악에서 구원받게 되었다는 사실입니다.

예수님께서 3년간 제자들을 양육하시고 복된 소식을 전하셨는데 그 스승의 모습을 본 제자들이 모두 순교를 하였습니다. 어떻게 3년간 따라다니고 스승의 가르침을 지키기 위해 죽음을 마다하지 않았을까.

이것은 예수님이 하나님의 아들이었기 때문에 가능한 일이었습니다.

교회학교 교사 33년 하는 동안 성경이 어떻게 하면 혈관 속으로 흐르게 할까가 고민이었습니다.

그리고, 성경을 관통하고 있는 한 분 예수님을 그리스

도로 믿는 고백과 확신을 통해 참 제자의 길을 가게 하는 길을 모색하다가 시조로 옮기게 되었습니다.

'태초에 말씀이 계셨으니 이 말씀은 곳 하나님이라' (요한복음 1:1)는 말씀대로 하나님을 믿는다는 것은 곧 성경말씀을 믿는 것인데 이 말씀을 조금은 편하고 즐겁고 흥겹게 읽을 수 있도록 '시조로 읽는 모세 5경'에 이어 '시조로 읽는 4복음서'을 세상에 내놓게 되었습니다.

시조(時調)는 우리 민족 고유의 전통시로 율격(律格)이 정형화 되어 있어 율격에 맞추어 읽으면 하나님 말씀이 쉽게 다가올 수 있다고 생각했습니다.

바람이 있다면 많은 분들의 손에 쥐어져 읽히고 교회학교에서 학생들의 교재로 활용되었으면 합니다.

또한, 영이 등 외국어로 빈역되어 우리나라 고유시의 영역을 넓혀 나갔으면 하는 바람도 있습니다.

나아가 뮤지컬이나 오라토리오나 칸타타나 국악의 창(唱) 또는 판소리로 작곡되어 무대에서 연주되어 하나님 나라를 즐겁게 노래하고 세계로 펴져나갔으면 합니다.

마태복음 28장을 127수로, 마가복음 16장을 75수로, 누가복음 24장을 150수로, 요한복음 21장을 116수의 시조로 모두 468수(首)로 썼습니다.

손닿는데 놓고 틈틈이 읽으며 하나님의 구원의 역사(役

事)와 우리 주님의 사랑과 체온을 느꼈으면 합니다.

또, 자녀들의 손에 쥐어져 언제 어디서나 쉽고 편하게 하나님 말씀을 흥겹고 재미있게 대하는 책이 되었으면 합니다.

시조를 쓰는 동안 내내 기도와 격려로 용기를 준 제 아내 김춘자 권사가 고맙습니다.

이 책을 보시면 기뻐하실 어머니 아버지가 너무 보고 싶습니다. 평생을 가시고기처럼 온 몸과 마음을 자식위한 희생으로 사시다가 지금에는 하늘나라에 계시는 어머니 아버지와 장인어른께 '시조로 읽는 모세5경'과 이 책을 바칩니다. 그리고 지금도 늘 저희를 위해 기도해주시는 장모님의 사랑에 감사가 넘칩니다.

제 자손대대 성경이 손에서 놓이는 일이 없이 성경말씀대로 살아서 '꿈 너머 꿈'을 이루었으면 하는 바람 또한 간절합니다.

이 원고를 탈고 한 날이 제 맏아들 창렬이의 생일날인 5월 16일인 것과 둘째 아들 공렬이의 생일 6월 25일에 이 책이 출판되는 것이 제게는 매우 뜻 깊습니다.

또한 제게 세례를 베푸시고 결혼 주례까지 맡아 주셨던 고(故) 이관영 목사님의 인도가 아니었다면 오늘의 제가 없었을 터이고, 또 제 인생의 전환점을 가져오게 하고 사람을 품고 사랑을 가르치고 열정적 삶의 본을 보여 주신 스승 김인중 목사님께 깊은 감사를 드립니다.

또, 사랑으로 격려하고 기도해주시는 샘터교회 성도님들과 김명인 목사님과 정진회 목사님께 감사드립니다.

추천의 말씀을 써주신 영남신학대학교 총장 오규훈 목사님, 한남대학교 전 총장 김형태 박사님, 한북대학교 전 총장 김병철 목사님과 은혜교회 윤광식 목사님께 깊은 감사를 드립니다.

그리고 원고를 정리해 준 최진성 시인과 '시조로 읽는 모세5경'에 이어 이번에도 기꺼이 이 책의 출판을 맡아주신 가나북스 대표 배수현 장로님과 디자인과 편집을 맡아 수고하신 분들께 감사드립니다.

나의 주 나의 하나님 내가 주를 사랑하나이다.

유 화 웅

추천의 글

推薦書

Recommendation

사랑하는 예수님의 생생한 이야기인 4복음서

대한예수교장로회(합동) 안산동산교회 원로목사
김인중

모세오경에 이어 "시조로 읽는 4복음서" 출간을 진심으로 축하 드립니다. 사랑하는 예수님의 생생한 이야기인 4복음서를 아름다운 시조로 읽어내신 유화웅 교장선생님의 성경에 대한 깊은 이해와 열정에 깊이 감사드립니다. 이 시조를 읽는 모든 분들이 우리를 위해 이 땅에 오신 예수님, 우리를 위해 십자가에 못박히신 그리스도, 우리의 영원한 생명을 위해 부활하신 예수 그리스도의 이야기가 우리의 마음과 생각과 삶에 닿아 놀라운 변화가 일어나기를 기대하고 소망합니다.

그리고 이 시조로 쓴 4복음이 뮤지컬이나 오라토리오, 칸타타, 국악으로 재탄생되어 온 세상이 예수 그리스도를 찬양하는 음악으로 가득 찼으면 합니다.

영적 변혁 일으킬 새로운 장르

영남신학대학교 총장, 목사
오규훈

자기가 지도하는 사람들에게 신앙을 최우선으로 요구하면서 동시에 세상에서의 전문성을 놓치지 않도록 가르치는 지도력을 발휘하는 영적 지도자는 많지 않습니다. 유화웅 장로님은 청소년 교육 분야에서 바로 그 지도력을 탁월하게 발휘하신 분이십니다. 그런데 놀랍게도 이번에 장로님이 내놓으신 이 책에서도 그 지도력 측면을 엿볼 수 있는 것 같아 감탄을 하지 않을 수 없습니다.

우리의 믿음은 성경말씀에 대한 믿음이다. 하지만 성경말씀의 문화적 배경은 한국인이 살아온 전통문화와는 동떨어진 유대문화입니다. 그래서 성경을 읽을 때 영적 은혜를 느끼면서도 뭔가 거리감이 느껴지는 것이 사실입니다.

이 책은 복음서에 등장하는 유대 문화 속에서 일어난 2

천 년 전의 사건들을 한국 전통문화의 감성으로 읽고 시조의 운율에 실어 읊조림으로 그 거리감을 줄여준 책입니다.

토착화 신학의 한 작품이요 판소리 명창 박동진 선생이 성경을 판소리로 부른 것과 견줄 수 있어 보입니다.

이 책을 통해 예수님과 제자들의 삶이 우리 한국 기독교인의 영성 안으로 성큼 들어와 자리를 잡는 영적 변혁이 일어나기를 소망합니다.

시조로 재구성한
예수님의 생애와 복음

한국교육자 선교회 이사장, 한남대학교 전 총장, 박사
김형태

유화웅 장로님이 우리시대에 함께 계시다는 것은 큰 행운이라 생각합니다. 기독교계에 이토록 지혜롭게 헌신하는 신앙지도자가 계시다는 것, 교육계에 이렇게 모범적으로 제자들을 양육하는 교육지도자가 계시다는 것은 우리들의 자랑이자 행운입니다. "經師易求, 人師難得"(교과서를 가르치는 스승은 많지만 인간성을 지도하는 스승은 적다.)이란 말이 있기 때문입니다.

유화웅 장로님은 이미 「시조로 읽는 모세 5경」을 출판하셨고, 이번에 또 「시조로 읽는 4복음서」를 출판하게 되었습니다. 4복음서는 예수님의 지상사역 33년의 기록으로서 12제자들과 대화하며 친히 말씀하신 복음 설교 그리고 37번의 기적과 44개의 비유들이 들어있습니다.

우리는 중고등학교 시절 조선왕조 27대 왕들을 기억하려고 "태정태세 문단세, 예성연중 인명선…" 하면서 우리 민족의 기본 음률인 4·3·4·3 혹은 "어머니 당신 몸은 진자리 누우시고 아기는 받들어서 마른 데 누이시며 양쪽의 젖으로는 기갈을 채워주고 고운 옷소매로는 찬바람 가려줬네"식의 3·4·3·4조의 시조 문형에 대입시켜 외웠습니다. 훨씬 재미있고 쉽게 외워졌거든요.

국문학을 전공한 유화웅 장로님이 우리 민족의 이 기본 음률을 활용하여 성경의 각 장별 대지를 정확하게 요약·정리해주고 계십니다.

서양 교육격언에 "내가 너에게 레몬을 주면 너는 나에게 주스를 내놓으라."는 말이 있습니다. 레몬을 주었는데 그 레몬을 도로 내놓으면 학습된 것이 아니란 뜻입니다. 성경을 이렇게 재구성하여 쉽고도 정확하게 일상생활에 적용하고 인격함양에 내재화시키도록 한 것은 정말로 창의적인 시도라 할 수 있습니다.

나는 자녀교육에 관해 "기억력이 왕성할 때, 성경의 핵심구절 300절만 암기하게 만들면 그것으로 자녀 교육을 끝내도 좋을 것"이라고 생각합니다.

왜냐하면 ① 예수님이 40일 금식하신 후, 사탄이 세 번 시험(test)했을 때 모두 신명기의 성경구절을 인용해 방어하여 대승리를 거두시는 모범을 보여주셨기 때문입니다.

오늘날도 중대한 결정을 내리거나 유혹과 갈등 앞에 섰을 때, 해답이 되는 성경요절을 줄줄 암송할 수 있다면 아무것도 겁낼 것이 없을 것입니다.

② 세계가 존경하는 미국의 16대 대통령 에이브러햄 링컨은 9살 때 어머니를 여의었습니다. 그 때 어머니 낸시 여사가 어린 링컨의 손에 포켓용 성경을 쥐어주면서 "에이브러햄, 이 성경을 열심히 읽고 여기서 '하라'는 것은 하고 '하지 말라'는 것은 하지 마라."는 유언을 남겼습니다.

링컨이 이 유언을 평생 동안 지켰기에 그에게는 항상 하나님의 은총이 함께했고, 하나님이 인정하시니까 당연히 인간들에게도 존경을 받게 된 것입니다.

이처럼 성경 말씀은 때와 곳에 따라 흠모하는 사람들에게 이정표가 되고 용기와 위로와 지혜를 주는 가이딘스 카운슬러가 되고 있는 것입니다.

다산 정약용은 500권의 저서와 2500수의 시를 썼는데 그가 쓴 시의 주제는 나라를 걱정하는 우국(憂國), 시대를 아파하는 상시(傷時), 타락에 대해 의분을 느끼는 분속(憤俗), 선함을 권면하고 악함을 징계하는 권징(勸懲) 및 아름다운 것을 아름답다하고 미운 것을 밉다고 하는 미자(美刺)로 요약되어 있습니다.

그는 "詩란 뜻을 말하는 것이다. 뜻이 본디 야비하고 더러우면 억지로 밝고 고상한 말을 한다 해도 논리가 성립되지 않는다. 뜻이 본디 편협하고 비루하면 억지로 달통한 말을 한다 해도 사정(事情)에 절실하지 않게 된다."고 했는데 유화웅 장로님이 전 세계 베스트셀러이며 스테디셀러인 성경의 높고 깊고 넓은 뜻을 그분의 특유의 전문적 지혜를 활용하여 아름답고 유익한 시조 형태로 재구성해준 것은 또 하나의 소중한 선물이 되었습니다. 깊이 감사를 드리며 부디 전국의 신앙가정마다 한 권씩 갖추어 온 가족들이 아침·저녁으로 읽으며 은혜의 깊이를 더해가기 바랍니다.

하나님의 은혜와 복을 나누어줄 찬양

한북대학교 전 총장, 현 Youth Keepers 이사장, 목사
김병철

교육계의 원로이시며 일평생 주님의 몸 된 교회를 섬겨 오신 유화웅 장로님께서 '시조로 읽는 모세5경'에 이어 '시조로 읽는 4복음서'를 출간하시게 된 것을 기쁘게 생각합니다.

온유와 겸손, 사랑, 지혜와 믿음과 탁월한 실력을 겸비하신 장로님은 행함과 신실함으로 하나님과 이웃을 섬겨 오셨습니다. 특히 지금은 다 성장하였지만 탈북청소년을 4명이나 양자로 삼으시고 믿음으로 훌륭하게 기르신 것에 대해 고개 숙여 깊이 경의와 존경을 표합니다.

유화웅 장로님께 청소년을 지키고 기르고자 하는 목적으로 설립되는 Youth Keepers에 동참해 주십사고 부탁드렸을 때 장로님은 흔쾌히 승낙하시고 Youth Keepers의 튼튼한 토대를 쌓으시고 골격을 세우시는 큰일을 감당하셨으며 신실하고 충성스럽게 Youth Keepers를 섬겨

오셨습니다. 장로님은 현재 국제적인 선교, 봉사 단체인 Good Partners의 이사장님으로 수고하고 계시는데 장로님의 믿음과 섬김의 리더십으로 Good Partners가 더욱 크게 하나님께 영광을 돌리는 아름다운 단체로 성장해 가리라 믿습니다.

시조는 핵심적인 내용을 일정한 운율과 절제된 단어와 형식으로 함축적으로 표현하는 문학의 장르입니다. 장로님의 깊은 기도와 묵상, 믿음이 어우러져 성경의 진리를 시조의 형식으로 축약하여 탄생된 '시조로 읽는 4복음서'를 통해 예수님의 복음의 진수를 깊이 체험하고 맛볼 뿐 아니라 우리의 삶에 적용함으로써 하나님께 큰 영광을 돌리며 많은 사람들에게 은혜와 복을 나누어주는데 귀하게 쓰이기 바랍니다. '시조로 읽는 4복음서'가 널리 다양한 형식으로 활용되어 하나님 나라의 확장에 아름답게 사용되기를 소망합니다.

본 서의 출판을 거듭 축하드리며 앞으로도 하나님 나라를 위해 크게 쓰임 받는 장로님과 온 가족이 되시기를 기도합니다.

사막의 인생길에 승리의 노래

대한예수교 장로회(통합) 은혜교회 담임목사
윤광식

몽골 선교중 고비사막을 지났던 기억이 새롭습니다. 고비는 나무 한 그루 없는 광야입니다. 그러나 자세히 보면 그곳에도 생명은 있습니다.

인생은 광야와 같습니다. 사막입니다. 오아시스가 필요합니다. 성경말씀은 인생길에 만나는 오아시스입니다. 유화웅 장로님과 함께 고양외고를 섬기는 중에 장로님의 삶은 늘 성경책을 옆에 두고 읽으시며 겸손한 마음으로 성경적 삶을 고집하시는 모습을 보았습니다.

유화웅 장로님께서는 사막 가운데서 생수를 발견하신 분입니다. 하나님 말씀을 깊이 읽으시는 분입니다. 변함없이 주님을 만나시는 분입니다. 복음서를 우리언어와 소리인 시조로 깊은 울림을 전하십니다. 이 책을 읽으며 운율적 흥과 함께 말씀의 기쁨이 샘솟을 것입니다.

여러분들도 이 책을 읽으시며 생수 되신 예수님을 만나실 것입니다. 하나님 나라를 경험하시길 바랍니다. 그러면 다시 살아나고 일어서게 될 줄 압니다. 이런 은총이 있으시길 기도하는 마음으로 추천의 글을 대신합니다. 하나님께서 이 책을 읽으시는 분들께 찾아와 주시길 소원합니다.

하나님 나라가 가까워지고 있습니다. 이 책을 통해 하나님의 사람으로 온전케 하며 모든 선한 일을 행하기에 온전케 되는 능력 있는 하나님의 사람들이 되시길 기도합니다.

시조로 표현된 신약 4복음 안에서 자유하게 되며 날마다 승리의 노래가 가득하길 기도합니다.

목차 目次

一

마태복음

Matthew
福音

一. 마태복음

■ 저자 : 마태(Matthew)

■ 주제 : 예수는 메시야요 왕이시다

■ 기록연대 : 주후(A.D.) 65~70년경

■ 주요인물 : 예수, 세례 요한, 예수의 제자들

■ 내용

이 책은 예수님에 관한 이야기다. 예수님이 어디서 어떻게 태어났고, 무엇을 가르쳤으며, 어떻게 사람들을 도왔고, 왜 십자가에 죽어야만 했는지를 보여준다. 그리고 죽은 후 사흘 만에 무덤에서 다시 살아난 사실에 관한 이야기다. 이 책은 메시야(Messiah)에 관해 예언된 구약의 많은 구절들이 바로 예수에게 적용되고 있음을 증거하고 있다.

제 1장

예수는 그리스도 우리 왕 대제사장

우리 주 예수님은 아브라함 다윗후손

메시야 사십 이대에 베들레헴 탄생해

※ 아브라함부터 다윗까지 14대, 다윗부터 바벨론 포로 되기까지 14대
바벨론 포로이후 예수님까지 14대 포함 42대만에 예수님께서 탄생하심.

마리아 성령으로 그리스도 잉태해

요셉은 의로운 자 동침하지 아니하고

우리와 함께 계시다 임마누엘 그 이름

제 2장

유대 땅 헤롯왕 때 태어나신 예수님께

동방의 박사들이 황금 유향 몰약 예물

목자가 태어나리라 *미가예언 이뤄져

*미가 5:2

헤롯이 두 살 이하 모든 아이 죽이거늘
요셉이 애굽으로 가족 함께 피난 가서
헤롯이 죽은 뒤에야 나사렛에 돌아와

제 3장
천국이 가까웠다 외치는 세례요한
모여든 백성들이 회개하고 세례 받아
합당한 열매 맺으라 독사들의 자식아

예수님 요단강서 세례를 받으시니
하늘이 열리고 성령이 비둘기같이
하나님 말씀하시되, 사랑하는 내 아들

제 4장

예수님 광야에서 사십일 금식 후에
마귀가 시험하되 돌(石)들로 떡 만들라
사람들 떡만 아니라 말씀으로 살리라

마귀가 예수님을 성전위에 세우고
하나님 아들이면 이곳에서 내리뛰라
하나님 시험치 말라 예수님이 말씀해

마귀가 예수님께 천하 만국 보여주며
나에게 경배하면 모든 것 네게 주리
사탄아 물러가거라 하나님만 섬기리

예수님 나사렛서 가버나움 옮기시고
천국이 가까웠노라 회개하라 외치시니
비로소 공생애(公生涯)시작 구원의 길 가시다

베드로 안드레 야고보 요한 형제
갈릴리 해변에서 나를 따라 오너라
너희들 지금서부터 사람 낚는 어부라

예수님 갈릴리서 천국 복음 가르치고
각종 병 들린 환자 고치며 다니시니
요단강 건너편에서 많은 무리 따르네

제 5장
마음이 가난한 자 천국이 그들의 것
슬픈 자 위로받고 온유한 자 땅을 차지
의(義)위해 목마른 자는 배 부르리 복 받고

긍휼히 여기는 자 하나님이 가엾어 해
마음이 깨끗하면 하나님을 볼 것이요
화평을 이루는 사람 하나님의 아들 돼

의(義)위해 핍박받아 천국의 백성 되고
주(主)로 인(因)해 온갖 박해 거짓악담 받은 자들
하늘의 복이 임하니 기뻐하고 즐겨라

너희는 세상의 소금과 빛 이니라
율법의 일점일획 모두 다 이루리라
계명을 가르치는 자 천국의 큰 사람 돼

형제에 노하는 자 심판을 받게 되고
형제를 욕하는 자 지옥불에 갈 것이니
형제와 화목한 후에 하나님께 예물을

음욕(淫慾)을 품는 자와 무흠(無欠)아내 내치는 자
이혼녀 결혼한 자 이는 모두 간음이다
백체(百體)중 하나 죄지면 지옥불에 온몸이

하늘 땅 예루살렘 네 머리와 어디든지
맹세를 말지니라, 맹세한 것 지키고
너희는 '예'와 '아니오'라고만 말하라

속옷을 빼앗으려 고발하면 겉옷까지
억지로 오리(五里)요구 십리(十里)라도 동행하라
구하는 자에게 주고 꾸려는 자 거절 말라

원수도 사랑하라 핍박한 자 위(爲)해 기도
하나님, 선인(善人) 악인(惡人) 해를 같이 비추시니
하나님 온전하심같이 온전하라 너희도

제 6장
사람에 보이려고 선한 일 하지마라
오른손 하는 일을 왼손이 모르도록
그러면, 하나님께서 갚아주실 것이다

위선자 길거리서 중언부언 기도하나
기도는 골방에서 은밀히 하나님께
너희가 구하기전에 필요한 것 아신다

하늘에 계신 우리 아버지여
이름이 거룩히 여김을 받으시오며
나라가 임하시오며
뜻이 하늘에서 이루어진 것 같이
땅에서도 이루어지이다
오늘 우리에게 일용할 양식을 주시옵고
우리가 우리에게 죄 지은 자를 사하여 준 것 같이
우리의 죄를 사하여 주시옵고
우리를 시험에 들게 하지 마시옵고
다만 악에서 구하시옵소서
나라와 권세와 영광이 아버지께
영원히 있사옵나이다 아멘

위선자 금식할 때 슬픈 표정 짓고 하나
너희는 얼굴 씻고 머리엔 기름 발라
은밀히 보시는 중에 갚아준다 하나님

보물이 있는 곳에 네 마음도 있느니라
사람이 두 주인을 마음속에 두지 못해
섬기지 못 할지니라 하나님과 재물을

공중의 새들보다 너희들이 더 귀하다
무엇을 먹고 마실까 염려하지 말아라
그런즉 너희는 먼저 그의 나라 구하라

제 7장
남들을 비판하면 너도 비판 받을지라
형제의 눈 속의 티 네 눈 속엔 *들보 있다
진주를 개 돼지에게 주지 말라 밟힌다

*들보(Crossbeam) : 칸과 칸 사이의 두 기둥 위를 건너지르는 나무. 대들보

구하라 찾으라 두드려라 다 주신다
하늘의 아버지는 좋을 것을 주시느니
남 대접 잘 하여라 너도 대접 잘 받는다

좁은 문 생명의 문 넓은 문 멸망의 문
삼가라 거짓 예언 그들은 이리니라
열매로 그들을 안다 좋고 나쁜 열매를

불법을 행한 자들 내가 너희 모르니라
내 말 듣고 행하면 반석위에 지은 집
홍수와 바람 불어도 무너지지 않는다

제 8장
나환자(癩患者) 예수에게 깨끗하게 치료받고
백부장(百夫長) 하인의 중풍 병 고치시고
백부장 믿음보시고 믿은 대로 될지라

베드로 장모(丈母)열병(熱病) 예수님이 고치시고
인자(人子)는 머리 둘 곳 없느니라 하시며
죽은 자 죽은 자에게 너희는 나를 따르라

바다에 파도일자 잔잔하라 꾸짖고서
두 사람 귀신들려 무덤 사이 소리 질러
예수님, 돼지 떼에게 귀신 넣어 몰사해

제 9장
예수님, 중풍병자 죄 사(赦)해서 고치시고
세무원 마태를 제자로 삼으시고
나는 의인 안 부르고 죄인 부르러 왔노라

금식은 언제하나 신랑을 빼앗긴 날
낡은 옷 새 천조각 같이 깁지 못하듯
새 술은 새 가죽부대 담아 넣어 보존해

회당장 딸 살리려 그 집으로 향하실 새
열두 해 혈루병자 예수님 긴 옷 만져
여인도 고침을 받고, 회당장 딸 살리셔

맹인들 눈을 뜨고 농아인 말을 하고
천국의 복음 전파 병약한 자 고치시고
예수님, 추수할 일꾼 보내소서 청하라

제 10장
예수님 열두제자, 베드로 안드레
요한과 야고보, 빌립과 바돌로매
도마와 마태, 야고보, 다대오, 시몬, 가룟유다

예수님 제자들에 잃은 양 찾아가라
죽은 자 살리며 전하라 천국복음
너희가 거저 받은 복음 거저 주라 하시다

너희를 보냄이 이리들 속 양이니라
뱀같이 지혜롭고 비둘기같이 순결하라
너희는 나로 인하여 미움 받되 잘 견뎌라

감춘 것 드러나고, 숨은 것 알려진다
너희는 지옥에서 멸하실 이 두려워해
사람 앞 나 시인(是認)하면 하나님 앞 너 시인

화평이 아니라 칼을 주러 왔노라
자기의 목숨을 아끼는 자 잃게 되고
목숨을 하나님 위해 버리며는 살리라

제자 영접 예수 영접 하나님 영접 상 받고
선지자 의인 영접 한가지로 상 받는다.
*소자에 냉수 한 잔도 주는 자는 상 주리

*소자(小子) : 작은 자

제 11장

감옥의 세례 요한, 예수님이 구주(救主)인가?

병든 자 고쳐주고 죽은 자를 살리셨다

그런 나 의심 않으면 복 받는다 일러라

예수님 말씀하길 세례요한 큰 자이나

천국엔 작은 자도 요한보다 크니라

천국은 빼앗기니라 *침노하는 자에게

*침노(侵擄) : 공격(attack)

고라신 벳세다와 가버나움 기적행해

그마을 회개않아 불행이 닥칠지라

소돔에 베풀었다면 오늘까지 있으리.

내게로 오너라 수고하고 짐진 자들

마음이 온유하고 겸손한 나이어니

내 멍에 나의 짐들은 쉽고 가벼우니라.

제 12장

밀 이삭 제자들이 안식일에 잘라먹자
안식일 범하였다 바리새인 말을 해
*인자는 안식일 주인 정죄하지 말아라

*인자(人子) : 예수님(Son of man)

예수님 안식일에 손 마른 자 고치시고
안식일 선행함이 옳으니라 하시니
어떻게 예수 죽일까 바리새인 의논해

예수님 귀신 쫓자 바리새인 험담하길
사탄의 도움으로 귀신을 쫓아낸다
너희들 성령을 모독 용서받지 못한다

좋은 나무 좋은 열매 나쁜 나무 나쁜 열매
선한 사람 선한 말을 악한 사람 악한 말을
심판 날 심문 받으리 의로움과 정죄함

악하고 음란 세대 기적을 요구하나
요나의 기적밖에 보일 것이 없도다
내게도 사흘 동안 있으리라 땅속에

예수님 무리에게 말씀하고 계실 때에
동생과 어머니가 찾아왔다 전하거늘
하나님 뜻 행하는 자 내 어머니 내 형제

제 13장
너희 눈 너희 귀 보고 들어 복 있느니
의인과 선지자 귀 있고 눈 있어도
너희는 못 하였도다 들었어도 보아도

길가와 돌밭 씨앗 빼앗기고 넘어지고
가시떨기 뿌린 씨앗 유혹 오면 결실 못해
좋은 땅 뿌린 씨앗은 백배 육십배 삼십배

천국은 좋은 씨앗 원수는 가라지를
주인이 가만두라 가라지 뽑다 곡식까지
추수 때 곡식은 곳간, 가라지는 태우리

천국은 겨자씨 천국은 누룩같아
겨자씨 크게 자라 가지에 새 깃들어
누룩은 가루 서말을 다 부풀게 하느니

천국은 숨겨진 보화와 값진 진주
천국은 바다에 친 그물 속의 좋은 고기
악인은 세상 끝날에 울며 이(齒)를 갈리라

예수님 고향에서 말씀을 가르칠새
목수의 아들이라 사람들 배척하니
선지자 자기 고향서 존경받지 않는다

제 14장

헤롯왕 생일맞아 헤로디아 딸 춤추자
네 소원 무엇이냐? 세례요한 머리라
헤롯은 요한을 죽여 소반 담아 주니라

빈들에 남자 오천 먹을 것 *오병이어(五餠二魚)
하늘에 감사 기도 배불리 먹이시고
남은 빵 열두 광주리 베푸시네 기적을

*오병이어(五餠二魚) : 떡(빵) 다섯 개와 물고기 두 마리

예수님 기도 후에 새벽 네 시 바다위로
나니라 안심하라 베드로는 물에 빠져
믿음이 작은 자들아 의심하지 말아라

제 15장

전통(傳統)을 앞세워서 장로들이 계명 어겨
입술로는 주님 공경, 마음에선 멀도다
입으로 드는 것보다 나오는 것 더럽다.

맹인(盲人)이 맹인 인도(引導) 둘이 다 구덩이에
입에서 나오는 것 마음에서 나오나니
마음의 악한 생각들 사람들을 더렵혀

가나안 한 여자가 다윗자손 예수시여
흉악한 귀신들린 내 딸을 고쳐주오
네 믿음 매우 크니라 소원대로 되리라

예수님 갈릴리서 모든 병자 고치시고
사천 명 굶주리자 *칠병이어(七餠二魚) 기적행해
다 먹고 남은 음식이 광주리로 일곱 개

*칠병이어(七餠二魚) : 떡(빵) 일곱 개와 물고기 두어마리

제 16장

예수님 시험하려 바리새파 사두개파
하늘서 오는 기적 보여 달라 요구하니
요나의 기적밖에는 보여줄 것 없도다

사람들 인자(人子) 나를 누구라고 하더냐
엘리야, 세례요한, 예레미야라 하더이다
베드로, 주는 그리스도 하나님 아들 고백해

예수님 베드로에 너야말로 복 있도다
반석에 교회 세워 천국 열쇠 네게 주니
그 열쇠 하늘과 땅의 모든 문제 해결해

예수님 죽음 부활 제자들에 말하시자
베드로 항변하며 그럴 수 없나이다
예수님, 사탄아 물러가라 생각마라. 사람일

예수를 따르려면 제 십자가 제가지고
생명을 구하려면 예수위해 생명 바쳐
네 생명 하나님 영광 오실 때에 갚으리

제 17장

예수님 해같이 눈부시게 변화하사
베드로 요한 야고보 이곳이 좋사오니
너희는 그의 말 들으라 사랑하는 내 아들

귀신이 들린 아이 제자들이 못 고치자
예수님이 고치시고, 너희는 믿음 작다
믿음이 겨자씨만 해도 산을 옮길 지니라

성전세 받는 사람, 성전세 왜 안내나
예수님 베드로에 바다에서 낚시해서
물고기 입속 한 *세겔 성전세로 주어라

*세겔 : 돈의 단위이면서 무게의 단위. 4드라크마의 가치 은 약 10-15g

제 18장

어린이 같아야만 천국에서 큰 자이니
어린이 영접함이 예수 영접 하는 것이
어린이 *실족케 하면 목에 맷돌 바다 속

*실족(失足)케 하면 : 죄짓게 하면

백 마리 양 중에서 한 마리 길 잃으면
한 마리 찾으려고 아흔아홉 산에 두고
잃은 양 찾아 안고서 기뻐하리 주인은

형제가 죄짓거든 잘못을 타이르고
만일에 안 들으면 두 세 명이 사실증명
그래도 듣지 않으면 *죄인처럼 여겨라

*죄인처럼 : 이방인이나 세리처럼

땅에서 *매고 *풀면 하늘서도 매고 풀어
두 세 명 한마음 돼 구하면 응답되고
내 이름 모이는 곳에 함께하리 너희와

*매고 : 처벌하고
*풀면 : 용서하면

*육천억원 *면제받고 *일만원은 면제않자
임금이 그말 듣고 악한 종을 감옥에
죄지은 형제 용서 일곱 번씩 일흔번

*육천억원 : 1만달란트
*일만원 : 백데나리온
*면제 : 탕감

제 19장

부모를 떠난 자녀 각각 결혼 할 것이며
그런즉, 둘이 한 몸 나누이지 못할지니
음행한 연고 외에는 이혼하지 말지라

예수께 어린아이 안수기도 바랄새
어린이 내게 올 때 금하지 말지니라
천국은 어린이 같은 사람들의 것이라

한 청년 예수님께 어찌하면 영생하나
네 재산 가난한 자 주고서 나 따르라
그 청년, 재물이 많아 근심하며 가니라

부자의 천국행은 낙타가 바늘구멍
인사가 영광 보좌 너희도 열두 보좌
지금은 먼저 되어도 나중 된 자 먼저 돼

제 20장
천국은 포도원의 일하는 품꾼 같아
아홉시 열두시, 세시, 다섯시 같은 품삯
불평을 하지 말아라 먼저 된 자 나중돼

*세배대 두 아들은 예수님의 좌우편에
너희는 종 노릇 남 섬기는 사람되라
사람의 죗값 치르려 나는 세상에 왔노라

*세배대 : 요한 야고보의 아버지

아버지 뜻 이룬 자 누구인가 말하라
맏아들 포도밭에 간다면서 아니 가고
싫다던 둘째 아들이 뉘우치고 갔나니

제 21장

예수님 나귀타고 예루살렘 입성하여
무리들 *호산나 주의 이름 오시는 분
이분은 나사렛에서 나아오신 예수라

*호산나(Hosanna) : (우리를) 구원하소서

예수님 성전에서 장사꾼 쫓아내고
내 집은 기도의 집 강도 소굴 되었도다
성전을 정화하시고 *베다니로 가시다

*베다니 : 예루살렘에서 약 3km 떨어진 마을

잎사귀 무성하고 무화과 열매 없자
예수님 이 나무는 열매 맺지 못할 지라
너희는 믿고 구하면 무엇이든 받으리

자기의 포도원을 농부에게 세를 주고
거둔 것 받아오라 종과 아들 보냈으나
농부들 아들 죽이매 그가 바로 바리새인

제 22장

천국은 왕의 아들 혼인 잔치 같을진대
초청된 사람들이 무례하게 거절하니
청함은 많이 받지만 택한 사람 적도다

함정에 빠뜨리려 예수께 묻자옵길
세금은 누구에게 바쳐야 하니이까
*가이사 것 가이사에게 하나님 것 하나님께

*가이사(Caesar) : 처음에는 율리우스 카이사르를 지칭했으나 아우구스투스 이후 황제의 뜻으로 사용. 로마황제

한 부인 칠 형제와 결혼하고 죽었을 때
부활 때 그 여자는 누구의 아내인가
천국은 천사들 같이 시집 장가 안 간다

바리새 사람들이 어느 계명 크니이까
네 마음 목숨 다해 하나님 사랑하고
네 이웃 네 몸과 같이 사랑하라 하니라

제 23장

서기관, 바리새인 말만하고 실천 안해
그들은 윗자리와 높은 자리 좋아하나
자기를 높이지 말고 낮아지면 높아져

불행이 있을지라 서기관과 바리새인
천국 문 가로막고 사람들 못가게 해
한 사람 교인 얻고서 지옥 자식 만들어

서기관 바리새인 위선자들 화있으라
박하와 회향과 양념따위 십일조로
율법 중 가장 중요한 긍휼, 믿음 버렸다

하루살이 걸러내고 낙타는 삼키면서
대접 잔(盞) 겉은 청결 속에는 탐욕 방탕
맹인된 바리새인아 깨끗해라 마음속

회칠한 무덤은 겉으로는 아름답다
그 안은 사람 뼈와 더러운 것 가득하듯
겉으로 정의로운 체 너희 속은 죄 가득

독사의 새끼들아 지옥판결 못 피한다
너희게 선지자와 지혜자들 보내면
그들 중 채찍질하고 십자가에 못박아

암탉이 새끼 품듯 너희 자녀 모았으나
너희가 원치않고 너희 집은 황폐해져
너희는 이제로부터 나를 보지 못하리

제 24장
예수님 제자들이 성전 건물 가리킬 새
진실로 이르노니 성전의 건물들이
돌 위에 돌 하나까지 남지 않고 무너지리

세상의 끝이 올 때 무슨 징조 있으리까
거짓 그리스도 많은 사람 미혹하나
끝까지 견디는 사람 모두 구원 받으리

큰 기적 놀라운 일 거짓 예수 미혹할 때
시체가 있는 곳에 독수리들 모여들고
인자가 임할 때에는 번개치듯 오리라

환난 후 해와 달이 빛을 잃고 어두워져
별들이 떨어지고 모든 족속 통곡할 새
인자가 구름을 타고 영광으로 오리라

천지는 없어져도 주님 말씀 안 없어져
주님이 오실 날은 하나님만 아시나니
너희들 깨어 있어라 임하신다 주님이

제 25장

열 처녀 등(燈)가지고 신랑을 기다리다
다섯은 슬기로워 기름준비 신랑 맞아
천국은 이와 같으니 준비한 자 것이라

주인이 세 사람에 달란트 주었더니
한 사람 한 달란트, 또 한 사람 두 달란트
달란트 다섯 받은 자 다섯 배를 더 남겨

지극히 작은 자에 한 것이 내게 한 것
베푼 자 영생 얻고 안 베푼 자 영벌(永罰)얻어
인자(人子)가 영광보좌서 모든 심판 하리라

제 26장

예수님 *유월절에 십자가에 못 박히리

민란(民亂)이 날까 하니 명절에는 삼가자며

가야바 대제사장 장로들과 흉계(凶計)를

*유월절(逾月節 또는 과월절(過月節), passover)

출12:13 내가 애굽 땅을 칠 때에 그 피가 너희가 사는 집에 있어서
너희를 위하여 표적이 될지라 내가 피를 볼 때에 너희를 넘어가려니
재앙이 너희에게 내려 멸하지 아니하리라
하나님께서 이스라엘자손을 애굽의 속박으로부터 구원해내신 것을
기념하는 명절

한 여인 귀한 향유 예수님 머리 붓자

제자들 분개하며 귀한 것 허비 하냐

그러나, 복음전파 때 여인 행실(行實) 전하리

제자중 가룟유다 대제사장에 말하되

예수를 넘겨주면 얼마를 주겠느냐

은삼십(銀三十) 네게 주리라. 가룟유다 배반해

마지막 만찬 때에 한 사람이 나를 팔리
그 사람 태어나지 않았으면 좋았을 것
그리고, 빵과 포도주 내 몸이고 나의 피

오늘밤 너희들이 나를 버릴 것이니라
베드로 부인하며 결코 주를 안 버리리
진실로 닭 울기 전에 부인 하리 세 번을

예수님 겟세마네 피땀 흘려 기도하셔
이 잔(盞)을 내게서 지나가게 하옵소서
그러나, 내 뜻이 아닌 아버지 뜻 이루소서

배반자 가룟 유다 예수께 입 맞추자
예수님 유다에게 하려는 일 행하라
큰 무리 달려들어서 예수님을 체포해

예수님 죽이려는 의회와 대제사장
내세운 거짓 증인 신성 모독 했다하며
예수님 침묵하시자 침 뱉으며 때리네

베드로, 예수와 한 패라는 여종의 말
첫 번째, 두 번째도, 세 번째도 부인하곤
닭 울자 밖에 나가서 심히 통곡 하니라

제 27장
빌라도 총독 앞에 예수님 끌려가고
유다는 뉘우치고 목매어 죽었으니
은삼십, 핏값이라며 나그네의 묘지사

빌라도 군중에게 누구를 놓아주랴
바라바 놓아주고 예수를 십자가에
예수께 가시관 씌워 희롱하고 끌고가

골고다 언덕 위 예수님을 십자가에
머리 위 유대인의 왕 예수 죄패 붙여
예수님 좌와 우편에 두 강도도 함께해

예수님 십자가서 *엘리엘리라마 사박다니
성소의 휘장이 찢어져 둘이 되고
하나님 아들이라고 지키던 자 인정해

*하나님이여 하나님이여 왜 나를 버리시나이까

*아리마대 부자요셉 예수 시체 가져다가
모시로 곱게 싸서 무덤속에 눕혀놓자
경비병 돌로 막고서 무덤 굳게 지키네

*지명(地名)

제 28장

*막달라 마라아와 마리아가 무덤에
천사가 내려와서 무덤 돌문 굴려내고
예수님 부활하셔서 갈릴리로 먼저가

*지명(地名)

무덤 지킨 경비병들 제사장에 보고하니
제자들 밤에 와서 시체 훔쳐 갔다하라
경비병 돈을 받고서 시킨대로 말을 해

예수님 부활 후에 열한제자 만나시고
민족들 제자삼아 세례주고 가르치라
너희와 함께 하리라 끝날까지 세상의

二

마가복음

Mark
福音

二. 마가복음

■ 저자 : 마가(Mark)

■ 주제 : 종의 모습으로 오신 예수님

■ 기록연대 : 주후(A.D.) 65~70년경

■ 주요인물 : 예수, 세례 요한, 예수의 제자들

■ 내용

이 책은 예수님이 요단강에서 세례 요한에게 세례를 받는 것으로부터 시작해서 스승을 배신한 가룟 유다에 의해 팔려 갈보리 언덕의 십자가 위에서 죽으시고 부활하시기까지의 이야기를 들려주고 있다. 특별히 이 책은 이 세상에 종의 모습으로 오셔서 자기 백성의 구원을 위하여 쉼 없이 일하시는 예수님의 생생한 활동에 초점을 맞추고 있다.

제 1장

하나님 아들 예수 그리스도 복음시작
광야의 세례 요한 요단강서 물로 세례
예수님 성령세례를 너희에게 주시리

예수님 요단강서 요한에게 세례받자
성령이 비둘기 같이 하늘에서 내려오고
소리가 하늘로부터, 사랑하는 내 아들

예수님 광야에서 사십 일 계실 때에
사탄에 시험받고 들짐승과 함께 계셔
이때에 예수께 나와 시종드는 천사들

예수님 공생애(公生涯) 갈릴리서 복음전파
때가 찼고 천국이 가까이 왔느니라
회개 후 복음 믿으라 세상 향해 외치셔

※ 예수님은 30세에 공인(公人)으로서의 구원사역을 시작하셨음.

갈릴리 해변에서 시몬형제 야고보형제
너희를 사람 낚는 어부 되게 하리라
그들이 아비 버리고 예수님을 따라가

베드로 장모 열병 예수께서 고치시고
나환자 치료하고 각종 병자 귀신 쫓자
이 소식 온 동네 퍼져 사방에서 몰려와

제 2장
예수님 가버나움 어느 집에 머무실 때
지붕을 뜯어내고 중풍병자 달아내려
소자야, 네 죄사함을 받았도다 하시네

세관원 *레위에게 예수님이 나 따르라
병이든 자에게만 의사가 쓸데 있듯
의인을 아니 부르고 죄인 부르러 왔노라

*레위 : 세리(稅吏) 마태(Matthew)

*요한의 제자들이 금식한단 말을 듣고
신랑과 함께 있어 금식할 수 없느니라
*신랑을 빼앗기는 날 그때금식 하느니

*요한 : 세례요한을 가리킴

*신랑 : 예수님

제자들 안식일에 밀 이삭 잘라 먹자
바리새 사람들이 제자들을 비난하니
사람을 위해있느니 안식일주인 *인자라

*인자(人子 Son of man) : 예수

제 3장

안식일 손마른 자 고치시고 하는 말씀
어느 것 옳으냐 선한 일과 악한 일과
생명을 구하는 일과 생명을 죽이는 일

시몬, *베드로 요한형제 *보아너게
안드레 빌립 마태 바돌로매 도마 시몬
야고보 다대오 유다 열두제자 세우셔

*베드로 : Peter, 게바, 반석(바위)
*보아너게 : Boanerges 우레의 아들

서기관 예수님을 *바알세불 들렸다고
사탄끼리 싸우면 망하게 마련이라
성령을 모독하며는 절대 용서 못 받아

*바알세불 : Beelzebul (귀신들린 사람을 치료해 주었다고 예수님을 조롱하여 붙인 이름). 귀신의 왕, 사탄

예수님 어머니와 동생들이 찾아오니
누가 내 어머니고 동생이냐 하시고
하나님 뜻 행하는 자 내 어머니 내 형제

제 4장

길가에 떨어진 씨 새들이 먹어버려
돌밭은 말라버려 가시떨기 결실 못해
좋은 땅 뿌려진 씨는 삼십 육십 백배라

천국의 비유니라 씨앗은 말씀이고
길가, 돌밭 가시밭과 좋은 땅은 사람 마음
믿음의 결실 맺으라 삼심 육십 백배를

등불이 밝히지듯 감추인 것 드러나고
있는 이 더 받고 없는 이는 빼앗기리
천국은 열매 익으면 추수하는 것 같다

천국은 겨자씨 한 알과 같으니라
씨앗 중 작지마는 채소보다 크게 자라
새들이 그 그늘에서 깃들이게 되느니

저물 때 예수께서 바다 저편 건너가자
광풍과 큰 물결에 제자들 놀라떨 때
예수님 주무시다가 잠잠하라 꾸짖어

제 5장
한사람 귀신들려 무덤 사이 사는지라
예수님, 그 사람에서 귀신아 나오너라
돼지 떼 들어간 귀신 바다에서 몰사해

회당장 야이로가 죽은 내 딸 구하소서
열두 해 혈루병자 예수님 옷 만져낫고
소녀야 일어나거라 *달리다굼 살아나

*달리다굼 : Talitha Cumi 귀여운 소녀야 일어나거라

제 6장

예수님 고향 가서 회당에서 가르칠 새
고향의 사람들이 예수님 배척하니
선지자, 고향에서는 존경받지 못 한다

예수님 열두제자 권능주고 보내시며
지팡이 외에는 아무것도 갖지 마라
제자들, 회개하라고 전도하며 병 고쳐

헤롯이 동생 부인 헤로디아 결혼하자
요한이 꾸짖으니, 헤로디아 앙심 품고
헤롯의 생일 잔치 때 세례요한 죽게 해

큰 무리 빈 들에서 날 저물어 배고플 때
하늘에 감사 기도 오병이어 무리에게
오천명 다 먹고서도 열두 바구니 남았네

예수님 기도하러 산으로 가셨을 때
제자들 새벽 네시 풍랑 바다 노젓는데
예수님 바다 걸어서 두려말라 나니라

제 7장

하나님 계명보다 사람 전통 지키거늘
입술은 하나님공경 마음속엔 악이 가득
사람의 마음속에서 나오는 것 더럽다

예수님 수로보니게 여인의 딸 살리시고
귀먹고 말더듬는 사람에게 안수하고
*에바다 한마디 말씀 귀 열리고 혀 풀려

*에바다 : Ephphatha '열리다'라는 의미의 아람어

제 8장

광야서 사흘 동안 굶주린 무리들에

떡 일곱 생선 몇 마리 하나님께 감사기도

사천 명 먹이시고서 일곱 광주리 남았네

예수님 *힐난하며 기적구하는 바리새인

헤롯과 바리새인 *누룩을 주의하라

너희는 기억하느냐 오병이어 칠병이어

*힐난(詰難) : 캐고 따져서 비난함

*누룩 : 누룩처럼 부풀어오는 율법주의자 바리새인과 욕망으로 가득 부풀어 오른 세속적 헤롯

예수님, 사람들이 나를 누구라 하느냐?

엘리야, 세례요한 더러는 선지자라

베드로 대답하거늘 주님은 그리스도

예수님, 고난 받고 죽고 부활 한다할 새
베드로 예수님께 그럴 수 없다 하자
사람일 생각하느냐 물러가라 사탄아

자기의 십자가로 나를 따를 것이며
주님과 복음위해 목숨 잃음 구원받고
사람이 세상 얻고도 죽게 되면 무익해

제 9장

베드로 야고보와 요한 함께 높은 산에
예수님, 변화하사 엘리야와 모세 함께
초막 셋 짓게 하소서 좋사오니 이곳이

귀신 든 어린아이 예수께서 고치시고
믿는 자 능히 하지 못할 일 없느니라
기도 외(外) 이런 종류가 나갈 수가 없느니

인자가 사람들에 죽은 후에 부활 하리
제자들 자리다툼 섬기는 자 먼저 되라
어린이 영접하는 것 그것이 곧 나 영접

반대를 안하는 자 우리를 위하는 자
한 아이 죄짓게 하면 맷돌 달고 바닷 속에
*지체(肢體)중 하나 죄지으면 하나 잘라 버려라

*지체(肢體) : 팔다리와 몸

제 10장
예수께 바리새인 아내 버려도 좋으냐
하나님 짝지으셔 사람이 못 나눈다
남편과 아내든 간에 외도(外道)하면 간음죄

어린이 내게 옴을 제자들 막지마라
천국은 어린아이 같아야 들어간 다
예수님 어린이 안고 그들 위에 축복해

한사람 예수님께 어찌해야 영생 얻나
네 재산 없는 자에 다 주며는 천국 보화
그 사람 재산이 많아 근심하며 가니라

부자가 천국 가기 낙타가 바늘구멍
복음과 나 위하여 모든 것 버린 자는
내세에 영생을 받고 나중된 자 먼저 돼

예수님 예루살렘 올라가며 하시는 말
서기관 대제사장 나에게 사형선고
그들이 죽일 것이나 삼일 만에 살리라

*세베대 두 아들을 주님의 좌우편에
으뜸이 되려거든 모든 사람 종이 되라
사람들 *죗값 치르려 인자(人子) 세상 왔노라

*세베대 : 요한과 야고보의 아버지
*죗값 치르려 : 대속물(代贖物)로

길가의 바디매오, 다윗자손 예수여
무엇을 원하느냐? 눈을 뜨게 해 주소서
네 믿음 네가 낫게돼. 바디매오 눈을 떠

제 11장
예수님 나귀타고 예루살렘 향하실 때
사람들 겉옷 벗고 나뭇가지 길에 펴며
호산나, 주 이름으로 오는 분께 찬양을

성전서 매매하고 돈 바꾸고 비둘기 팔자
예수님, 둘러엎고 내 성전은 기도하는 집
너희는 강도의 소굴 만들었다 이 성전

베드로 예수님께 무화과나무 말랐다고
하나님 믿으면 산(山)도 들려 바다로
기도로 구하는 것은 받은 줄로 믿으라

서기관 예수께 누가 권한 주었느냐
요한의 세례가 하나님과 사람 중 어디서 왔느냐
그들이 대답 못하니 나도 대답 안한다

제 12장
한사람 포도원을 농부에게 세(貰)를 주고
소출 얼마 받으려고 종과 아들 보냈으나
농부들 아들 죽이매 농부들도 진멸돼

예수님 책(責)잡으려 바리새인 헤롯 당원
세금을 가이사에 바치는 것 옳으니까
가이사 것 가이사에게 하나님것 하나님께

한 여인 *칠형제의 아내 되고 죽었는데
그 여인 부활할 때 누구의 아내인가
부활 때 혼인이 없다 천사처럼 살리라

*칠형제의 아내 : 모세율법에 형이 혼인 후 자식 없이 죽으면 동생이 형수를 부인으로 삼는다. 여기서는 칠형제가 차례로 모두 죽고 부인만 살았을 경우의 예를 들었다.

예수께 서기관이 첫째 계명 무엇인가
하나님 사랑하라 마음 목숨 뜻 힘다해
네 이웃 네 몸과 같이 사랑함이 첫 계명

서기관 긴옷 입고 시장에서 인사 받고
회당의 높은 자리 잔치집 윗자리에
과부의 재산 삼키며 길게 기도 하느니

가난한 한 과부는 *두 렙돈 헌금하니
부자의 헌금보다 과부 헌금 많이 냈다
과부는 가난한데도 전 생활비 바쳤다

*두 렙돈 : 헬라 동전의 명칭. 2렙돈은 1고드란트. 우리돈 156원정도 약 1000원 정도라고도 함.

제 13장

너희는 사람에게 속지 않게 조심하라
민족, 나라 대적하고 기근, 지진 재난 시작
끝까지 견디는 사람 구원받을 것이라

멸망의 흉측한 것 성전에서 보게 되면
있던 곳 도망치고 아이 엄마 불행하다
환난 날 오게 되며는 거짓 예수 조심해

해와 달 빛을 잃고 별들이 떨어지면
인자가 구름타고 영광으로 오시리라
그때에 천사들 보내 택한 백성 모으리

환난 날 언제 올지 하나님만 아시느니
천지는 없어져도 내말은 안 없어져
너희들 깨어있으라 모든 이도 다함께

제 14상
유월절 *무교절(無酵節) 대제사장 서기관들
예수님 교묘하게 잡아 죽일 의논하니
군중들 난동 우려해 명절에는 말지라

*무교절(無酵節 Unleavened Bread) : 유월절 행사 연이어 7일간 이어지는 축제기간. 누룩없는 빵을 먹음

예수님 베다니의 나병환자 시몬 집에
한 여인 비싼 향유 깨뜨려서 주(主)머리 위
예수님, 내 장례 준비, 여인 행위 세상에

유월절 다락방서 제자들과 만찬할 새
너희 중 나와 함께 먹는 자가 나를 팔리
그 사람 안 태어남이 좋았을 것 차라리

예수님 제자들과 최후 만찬 함께하셔
떡 들고 감사기도 이것이 내 몸이라
이 잔은 사람들 위한 언약의 피 이니라

너희가 나 버리나 부활해서 갈릴리에
베드로 저는 절대 부인하지 않습니다.
오늘밤 닭 두 번 울 때 부인 하리 세 번을

예수님 괴로워서 겟세마네 기도할 새
아버지 뜻대로 하옵소서, 세 번 기도
인자가 죄인의 손에 팔리우리 이제는

예수께 가룟 유다 랍비여 입 맞추니
서기관 대제사장 많은 사람 예수 체포
제자들 예수 버리고 혼비백산 도망해

예수님 죽이려고 증거 찾는 대제사장
몇 사람 거짓 증인 예수님 침묵하서
*메시야, 내가 그니라 이 말씀에 십자가

*메시야(Messiah) : 히브리어 우리말 구세주 그리스어로 그리스도(Christ) 한자어 기독(基督)

베드로 불을 쬘 때 여종과 사람들이
당신도 예수한 패 이말 듣고 세 번 부인
그때에 닭 두 번 울 자 통곡하는 베드로

제 15장

예수님 결박당해 빌라도에 끌려가
예수님을 십자가에 바라바는 놓아주고
머리에 가시관 씌워 온갖 모욕 당하셔,

*시몬이 십자가 대신지고 골고다로
예수님 유대인 왕 죄패 붙여 십자가에
사람들, 그리스도야, 내려오라 조롱해

*구레네 사람 시몬으로 알렉산더와 루포의 아버지

*제육시 온 땅 위에 어두움이 *구시까지
*엘로이 엘로이 라마사박다니
예수님 숨 거두시자 성전휘장 찢어져

*육시 : 우리나라 시간 낮 12시

*구시 : 우리나라 시간 오후 3시

*하나님 나의 하나님 왜 나를 버리셨습니까

*요셉이 빌라도에 예수 시체 달라 해서
예수님 바위 무덤 속에 넣고 돌로 막자
막달라 마리아와 *마리아가 보더라

*아리마대사람 요셉
*요세의 어머니 마리아

제 16장

막달라 마리아와 *마리아와 살로메
*안식 후 첫날 일찍 예수 무덤 찾았더니
무덤 속 청년말하길 예수님은 부활해

*마리아 : 야고보의 어머니
*안식일 : 지금의 토요일

예수님 *일요일에 *마리아에 보이시고
두 제자 시골 갈 때 그들에게 보이시고
두 사람 예수 부활을 전했으나 안 믿어

*안식 후 첫날 : 지금의 일요일
*마리아 : 막달라 동네의 마리아. 막달라 마리아

예수님 열한 제자 식사 때 나타나사
제자들 믿음 적고 마음 완악 꾸짖고서
너희는 온 세상 나가 복음 전파 만민에

믿으면 구원받고 안 믿으면 정죄 받아
예수를 믿으면 각종 기적 일어나리
예수님 하늘 오르사 하나님의 우편에

X EVAN
IBI GELI
AR STA
MEVS

三

누가복음

Luke

福音

三. 누가복음

■ 저자 : 누가(Luke)

■ 주제 : 사람의 아들로 오신 예수님

■ 기록연대 : 주후(A.D.) 60~62년경

■ 주요인물 : 예수, 세례 요한, 예수의 제자들

■ 내용

사랑받는 의사로 불리는 누가에 의해 기록된 이 책은 예수님의 생애에 관해 들려주고 있다. 예수님이 어떻게 태어나셨고, 무엇을 가르치셨으며, 어떻게 활동하시다가 죽으셨는지, 그리고 어떻게 다시 살아나서 하늘로 올라가셨는지에 관해 말해주고 있다. 특별히 누가는 사람의 아들로 이 땅에 오신 예수님의 모습에 초점을 맞추어 묘사하고 있다.

제 1장

사가랴 제사장 때 가브리엘 천사만나
네 아내 엘리사벳 아들 잉태 이름요한
그 아이 태어나도록 말 못하는 사가랴

동정녀 마리아가 요셉과 약혼한 후
성령으로 아들 잉태 하나님의 아들이라
이름을 예수라 하라 마리아가 순종해

만세에 복을 주고 자비를 베푸시고
천한 자 높이시고 굶주린 자 배불리셔
이같이 마리아 기뻐 하나님을 찬양해

만삭의 엘리사벳 아들을 낳았는데
사가랴 *서판(書板)에다 요한이라 이름쓴 뒤
사가랴 혀가 풀리며 하나님을 찬양해

*서판 (tablet)

사가랴 요한에게 하나님의 예언자가
주(主)보다 미리 와서 주님의 길 준비하여
백성의 죄 용서 받는 구원의 길 전하라

제 2장
*가이사 아구스도 인구조사 명령하자
만삭된 마리아도 요셉과 베들레헴
여관에 방이 없어서 예수 낳아 구유에

*가이사 아구스도(Kaesar Augustus) : B.C 63-AD14) 율리우스 카이사르 양자로 로마제국의 첫황제. 본명은 가이우스 옥타비아누스(Gaius Octavianus)

목자에 주의 영광 다윗 동네 그리스도
하늘엔 하나님 영광 땅에서는 평화로다
천군(天軍)들 하나님 찬양 목자들이 찾아와

*모세의 율법따라 아기 예수 예루살렘
시므온 아기 예수 하나님이 세우신 분
예수님 강하여지고 지혜 은혜 충만해

*모세율법 : 레위기 12:1~6

예수님 열두 살 때 유월절에 예루살렘
성전서 문답할 새 그의 부모 예수 찾자
왜 나를 찾았습니까 아버지집 거하매

제 3장

*디베료 십오 년 때 빌라도가 총독으로
요한이 물로 세례 뒤에 올 이 불로 세례
*헤롯의 불륜 책망한 세례요한 감옥에

*디베료(Tiberius) : 로마 제2대 황제(B.C42~A.D42)

*분봉왕 헤롯은 제수 헤로디아를 부인으로 취함

백성들 세례 받고 예수님도 세례받자
하늘이 열려지며 성령이 비둘기같이
하늘서 내 사랑하는 아들 너를 기뻐하노라

예수님 삼십 세에 복음 사역 시작하셔
하나님 아담부터 아브라함 다윗 지나
예수님 칠십사대 후 구세주로 탄생해

제 4장
예수님 광야에서 사십일간 금식할 새
마귀가 예수님께 돌덩이를 떡 만들라
*사람이 떡으로만 사는 것이 아니라

*신명기 8:3

마귀가 예수께 천하 만국 보이면서
나에게 절 하며는 모두 네 것 될 것이라
*나의 주 하나님께만 경배하고 섬기리

*신명기 6:13

마귀가 예수님을 성전위에 세워놓고
하나님 아들이면 이곳에서 내리뛰라
*하나님 시험을 하지 말지니라 기록돼

*신명기 6:16

예수님 성령 충만 갈릴리서 가르치고
나사렛 회당에서 말씀을 전하시니
사람들 예수님 배척 고향에서 쫓겨나

귀신이 들린 사람 각종 병자 고치시고
*시몬의 장모 열병 꾸짖어 병을 치료
예수님 동네 다니며 복음 전파 하시다

*시몬 : 베드로를 말함

제 5장

예수님, 시몬에게 깊은 곳에 그물 던져
그물을 내렸더니 고기 많이 잡힌지라
예수님, 무서워 말라 네가 사람 취하리

예수님 나병환자 깨끗함을 받을지라
침상의 중풍병자 지붕 뚫고 예수님께
네 죄를 용서했느니 침상 들고 가거라

*레위를 제자 삼고 레위집서 잔치하니
서기관 바리새인 세리 죄인 함께하나
의인을 부르지 않고 죄인 부르러 왔노라

*레위 : 마태

요한과 바리새인 제자들 금식 기도
*신랑과 함께할 때 금식하지 않느니라
예수님 말씀하시길 새 포도주 새 부대

*신랑 : 예수님

제 6장

예수님 제자들이 밀 이삭 잘라먹자
안식일 금한 일을 어찌하여 행하느냐
예수님 바리새인에 안식일 주인 인자(人子)라

예수님 안식일에 손마른이 고치시고
안식일 선한 일과 생명구함 옳으니라
서기관 바리새인들 예수해(害)할 의논해

예수님 열 두 사도 베드로와 안드레
요한과 야고보 빌립 마태 바돌로매
도마와 *시몬 *야고보 *유다와 가룟 유다

*시몬 : 셀롯 사람 시몬으로 열심단원

*야고보 : 알패오의 아들 일명 소(小)야고보

*유다 : 야고보의 아들. 다대오와 동일인물

주린 자 복 있나니 너희가 배 부르리
우는 자 복 있나니 너희가 웃으리라
인자(人子)로 핍박받으면 너희상(賞)이 큼이라

화(禍)있다 부요한 자 너희가 주리리라
웃는 자 화있으리 너희가 애통하리
화있다, 칭찬받는 자 거짓 선지 그들이

원수를 사랑하며 저주할 때 축복하라
한쪽 뺨 때리거든 다른 뺨도 돌려대고
대접을 받고 싶으면 남을 대접 하여라

너희는 사람 사랑 죄인처럼 하지마라
죄인도 저들끼리 사랑을 하느니라
하나님 자비로우듯 자비하라 너희도

너희가 비판하면 남들도 너희 비판
너희가 용서하면 남들도 너희 용서
주어라 그리 하며는 넘치도록 받는다

형제의 눈 속의 티 네 눈 속엔 *들보 있다
나무는 열매보면 그 나무를 알 수 있듯
사람도 행실을 보면 그 사람을 알리라

*들보 (crossbeam) : 일명 대들보

입으로 주님, 주님 주님 말씀 실천 않나
말 듣고 실천하면 반석위의 집 같으며
말 듣고 실천 안하면 주추 없는 집 같아

제 7장

백부장 병든 종을 예수께 고쳐달라
'나으라'한 말씀만, 어찌 감히 저희 집에
진실로 이만한 믿음 만나보지 못했다

나인성(城) 과부 아들 죽어서 장례할 때
예수님 과부에게 울지 마라 위로하고
청년아 일어나거라 한 말씀에 살아나

요한의 제자들이 *오실이가 당신인가
나를 의심하지 않는 자 복이 있다
*지혜는 받아들이는 자 옳다함을 얻느니

*메시야(그리스도)

*하나님

한 여인 예수님 발 향유 부어 머리칼로
많은 돈 탕감해준 그 사랑 큰 것처럼
여자의 많은 죄를 믿음 보고 용서해

제 8장

농부가 씨 뿌릴 새 길가, 바위, 가시덤불
새들이 와서 먹고 말라죽고 못자라나
좋은 땅 떨어진 씨앗 백배 결실 하느니

씨앗은 말씀이라 마귀가 말씀 뺏고
시련 오면 배반하고, 세상 향락 결실 못해
바르고 착한 마음은 말씀 듣고 결실해

등잔대 등불 올려 사람들 빛을 보게
숨은 것 드러나고 감추인 것 알려지니
가진 자 더 받게 되고 없는 자는 빼앗겨

예수님 제자들과 배를 타고 호수 저편
폭풍에 배가 위험 성난 파도 꾸짖으셔
예수님 제자들에게 너희 믿음 어디에

한 사람 귀신들려 무덤 사이 거하거늘
예수님 *군대귀신 돼지 떼에 들어가라
그 사람 정신 맑아져 온 마을에 전파해

*군대 : 레기온(6,000명)

회당장 야이로가 죽는 딸 살려 달라
도중에 혈루병자 옷깃 잡아 고침 받고
소녀야 일어나거라 죽은 아이 살리셔

제 9장

제자들 권능 받고 귀신 쫓고 병 고칠 새
두 벌 옷 양식, 배낭 지팡이도 갖지 말라
누구든 영접 않거든 신발 먼지 떨어라

벳세다 광야에서 음식 없고 숙소 없자
떡 다섯 물고기 두 마리 축사(祝謝) 후에 남자 오천
배불리 모두 먹고서 열 두 광주리 남았네

예수님 제자들에 사람들이 나를 누구
엘리야 세례요한 선지자라 하더이다
베드로 대답하기를 그리스도 하나님

예수님 고난 받고 죽은 후에 부활 하리
자기를 부인하고 십자가지고 나따르라
누구든 나를 위하여 희생하면 구원돼

산에서 기도할 때 예수님 빛난 광채
제자들 예수님께 이곳에 초막 셋을
구름 속 들리는 음성 내아들말 들어라

한사람 외아들이 귀신들려 경련하자
제자들 능력 없어 귀신을 못 쫓아내
예수님, 너희들 *패역 언제까지 참을꼬

*패역(悖逆, perverse) : 괴팍한, 고집센, 사악한, 인륜에 어긋나고 불순한

인자가 사람 손에, 제자들 못 깨닫고
제자들 서로 큰 자 예수님 아시고서
누구든 *소자(小子)영접이 하나님과 나 영접(迎接)

*어린아이

예수님 승천하실 때가 차서 예루살렘
*사자(使者)를 사마리아 한 동네 미리 보내
그들이 안 받아들여 다른 마을 가시다

*심부름 하는 사람

예수께 어떤 사람 어디든지 따르리라
여우도 굴이 있고 새들도 집이 있다
인자는 머리 둘 곳도 없느니라 하시다

어떤 이 아비 장례 어떤 이는 가족 작별
예수님 죽은 자는 죽은 자가 장사하고
쟁기잡고 뒤돌아 보면 하나님 나라 못 간다

제 10장

일꾼이 적으니라 추수할 것 많은데
너희를 보내는 것 이리 속에 양들이라
그들이 영접하거든 천국 복음 전하라

*고라신 벳세다 가버나움 회개 않자
소돔과 두로, 시돈 너희들이 나으니라
제자의 말 듣는 것이 내 말을 곧 듣는 것

*고라신(Koeazin) : 갈릴리 지방의 고을로 예수께서 권능을 가장 많이 베푸셨으나 회개하지 않았음

제자들 칠십 명이 전도하고 돌아오자
사탄과 원수 능력 너희들을 못 해친다
그러나 너희 이름이 천국 기록 기뻐해

율법사 예수님께 내 이웃이 누구니까
한 사람 여리고로 내려가다 강도 만나
죽게 된 그 사람에게 자비 베푼 이 네 이웃

한 사람 강도 만나 거의 죽게 되었는데
제사장, 한 레위인 보고도 그냥 지나
여행 중 *사마리아인 치료하고 돌보아

*유대인 사이에서 경멸을 나타내는 용어이자 사람. 예수님은 선택받은 제사장. 레위인보다 선행을 베푼 사마리아인을 참된 이웃이라고 하심

마르다 예수님을 자기 집에 모셔 들여
*마리아 말씀 듣고 마르다는 접대 준비
마리아 잘 하였도다 한가지만도 족하다

*마르다의 동생

제 11장

예수님 제자들에 이렇게 기도하라
아버지여 이름이 거룩히 여김 받으시오며
나라가 임하시오며 우리에게 날마다 일용할

양식을 주시옵고 우리가 우리에게 죄지은
모든 사람을 용서하오니 우리 죄도 사하여 주시옵고
우리를 시험에 들게 하지 마시옵소서

구하라 찾으라 두드리면 주시느니
악한자 자식에게 좋은 선물 주거니와
하물며 하나님께서 성령 주지 않으리

예수님 귀신 쫓아 벙어리가 말을 하자
*사탄의 도움이라 예수님을 비방하니
나함께 하지 않는 이 나를 반대 하느니

*바알세불, 마귀, 악마

군중 속 한 여자가 예수님께 큰소리로
당신을 낳고 기른 그분은 행복하다
말씀을 듣고 지킨 이 복되도다 오히려

이 세대 악하여서 기적을 보여 달라
요나의 전도 듣고 니느웨인 회개하듯
보아라. 요나보다도 여기 있다 *더 큰 자(者)

*예수님

등불이 등잔대 위 모든 사람 그 빛 보듯
너의 눈 몸의 등불 눈 밝으면 몸도 밝아
네 속에 어두운 빛이 전혀 없게 하여라

예수님 식사 전에 손을 씻지 않으시자
예수님, 바리새인 겉은 깨끗 속은 악독
채소의 십일조 바치며 하나님 사랑 버렸다

남에겐 어려운 짐 손끝 까딱 안한 너희
지식의 열쇠가지고 너희도 안 들어가
남들도 못 들어가게 화있으라 서기관

제 12장

감춘 것 드러나고 숨긴 것 알려진다
어둔 곳 말한 것이 밝은데서 들리리라
골방서 속삭인 말도 지붕위서 전파돼

벗들에 말하노라 몸 죽인 자 두려말고
지옥의 권세 있는 그분이 두려우니
성령을 모독하는 자 용서받지 못하리

부자가 새 곳간에 많은 곡식 쌓아두고
자기의 영혼에게 편히 먹고 즐겨 놀자
하나님, 너희 영혼을 오늘밤에 취하리

목숨을 위하여서 먹고 입을 걱정 말라
솔로몬 영광이 백합화만 못하니라
너희는 먼저 구하라 하나님의 나라를

주인이 결혼식에 참석하고 집에 올 때
불 밝혀 기다리다 문열어주는 종같이
너희도 인자가 올 날 준비하고 있으라

청지기 주인 집안 잘 돌보면 복을 받되
청지기 주인 더디 올 것이라 나쁜 행위
갑자기 주인이 와서 청지기를 벌하리

세상에 화평 아닌 분쟁 주러 왔느니라
가족들 분쟁하니 세상 징조 분간하라
법관에 고발자와 갈 때 화해부터 하여라

제 13장

빌라도에 죽은 사람 실로암 망대 죽은 사람
죄 많아 죽었다고 생각하지 말지니라
너희들 회개 안하면 그와 같이 망한다

주인이 무화과 열매 없자 자를지라
포도원 지키는 이 한 해만 더 봐주십사
그래도 열매 없으면 그때 가서 찍어내

십팔 년 불구 여인 예수님 고치시자
회당장 안식일에 병 고치지 말지어다
너희들 가축 먹이며 사람은 왜 못 고쳐

천국은 겨자 한 알 크게 자라 새 깃들듯
천국은 밀가루를 부풀리는 누룩 같다
예수님 도시와 마을 다니시며 가르쳐

너희는 좁은 문에 들어가기 힘을 쓰라
닫힌 문 밖에 서서 열어 달라 졸라대도
너희가 어디서 온 것 나는 알지 못한다

헤롯이 예수님을 죽이려고 계획할 새
*여우에 말 하여라 예루살렘 죽게 마련
너희는 나를 원했다 나는 너희 품었고

*헤롯왕

제 14장

예수님 안식일에 바리새파 사람 집에
한사람 수종병을 고쳐주고 하시는 말
우물 속 아들이나 소(牛) 구해내지 않으랴

잔치 집 초대 시에 높은 자리 앉지 마라
끝자리 앉으며는 초대자가 윗자리로
높이면 낮아지니라 낮아지면 높이 돼

식사에 형제 친척 부자 이웃 초청 말라
그들이 너를 초청 도로 갚을 것일진대
차라리 없는 자들과 맹인 대접 하여라

어떤 이 큰 잔치에 많은 사람 초청하니
밭 사고 소를 사고 결혼해서 못가노라
청함을 받은 사람들 잔치참여 못하리

누구든 내 제자는 부모형제 처자식과
자기의 생명보다 나를 사랑 할지니라
자기의 십자가지고 나 따라야 제자 돼

내 제자 자기 소유 다 버려야 제자 되고
소금은 좋지마는 만일 그 맛 잃을시면
들으라 귀 있는 자들 쓸모없이 버려져

제 15장
백 마리 양가진 자 한 마리 잃게 되면
한 마리 양을 찾아 어깨 메고 잔치하듯
한 죄인 회개 하며는 하늘에서 기뻐해

—

한 여인 *드라크마 열 개 중 하나 잃자
불 밝혀 찾아내고 이웃 불러 즐기듯이
한 죄인 회개 하며는 천국 사자(使者) 기쁨 돼.

*헬라(그리스)의 돈 단위

어떤 이 두 아들 중 둘째 아들 재산 분배
그 아들 먼 나라에 허랑방탕 재산 낭비
탕진 후 *돼지먹이로 배 채우며 후회해

*쥐엄나무 열매

탕자는 하나님과 아버지께 죄 고백 후
돌아가 아버지께 품꾼으로 써주소서
아버지 먼 거리에서 달려가서 껴안아

아들에 좋은 옷 손가락지 발에 신발
송아지 잡아서 잔치하고 기뻐하며
내 아들 죽었다 살고 잃었다가 얻었다

맏아들 밭일하고 집에 오니 춤과 노래
하인이 당신 동생 돌아와서 잔치 한다
어찌해 아버지께서 탕자에게 이런 일

아버지 맏아들에 너는 나와 항상 함께
내 것이 모두 네 것, 네 동생 맞아들여
죽었다 살아났으니 기뻐함이 마땅해

제 16상
불의한 청지기 주인이 해고하려
빚진 자 모두 불러 청지기가 *탕감*사주
그 주인 작은일 충성 큰 일에도 충성돼

*탕감(蕩減) : 빚 따위를 없이 해줌.

*사주(使嗾) : 어떤 일을 하거나 마음이 움직이도록 남을 부추김. 여기서는 주인에게 빚진 이들의 빚진 내용을 적게 빚졌다고 양(量)을 줄여주는 행위

하인이 두 주인을 섬기지 못하나니
재물과 하나님을 겸해서 못 섬긴다
비웃는 바리새인에 하지마라 옳은 체

율법과 선지자는 세례요한 때까지라
그 후엔 복음 전파 율법 한 점 안없어져
천지가 없어지는 것 쉬우니라 오히려

한 부자(富者) 호의호식 지옥에서 고통당해
거지 나사로는 죽어서 아브라함 품
부자는 지옥불에서 물 한 모금 주소서

모든 것 누린 부자 나사로는 온갖 고통
큰 구렁 우리 사이 오고 갈 수 없느니라
그 부자 오형제에게 알려 주오 이 고통

부자가 말하기를 아버지 아브라함이여
죽었다 산 사람 말 들으면 회개할 터
죽은 자 살았다 해도 안 믿는다 그들은

제 17장

어린이 하나 실족 맷돌 걸고 바다 속에
일곱 번 죄진 형제 그때마다 그를 용서
겨자씨 한 알 믿음에 뽕나무도 바다로

밭 갈고 양치고서 집에 온 하인들이
주인의 식사 준비 시중들고 순종하듯
너희도 명령 행한 뒤 무익 한 종 말하라

예수님 나병환자 열 명을 고쳤는데
한사람 엎드리어 예수께 감사하니
열 사람 다 고쳤는데 어디 있나 아홉은

천국이 어디 있나 바리새인 물을 때에
여기에 저기에 있다고도 못하리니
천국은 네 안에 있다 볼 수 있게 안 온다

인자가 올 때에는 번개 번쩍 하듯 온다
인자는 고난 받고 사람들에 버림받아
노아나 롯의 때같이 인자 옴도 그같이

인자가 올 때에는 뒤돌아 보지마라
살려면 목숨 잃고 잃게 된 자 살리라
주 말씀 주검 있는 곳 독수리가 모이니

제 18장
재판장 사람 무시 하나님 안 두려워
한 과부 원한호소 그 재판장 풀어주듯
너희는 늘 기도하면 응답하리 모든 것

십일조 금식자랑 기도하는 바리새인
세리는 *통회자복 가슴 치며 기도하니
세리가 의로우니라 낮아진 자 높아져

*통회(痛悔) : 지은 죄를 깊이 뉘우침
자복(自服) : 저지른 죄를 자백하고 복종함

안수를 받으려고 예수께 온 어린이를
어린이 내게 옴을 용납하고 막지 말라
천국을 어린이같이 받아들일 지니라

한 관리(官吏) 예수님께 어찌해야 영생 얻나
십계명 다 지키고 재산 팔아 없는 자에
그 사람 큰 부자이매 근심하고 돌아가

부자가 천국가기 낙타가 바늘구멍
베드로 우리의 것 다 버리고 주님 따라
모든 것 버리고 따른 자 현세(現世)복과 영생을

예수님 열두 제자 예루살렘 올라가셔
인자가 채찍 맞고 이방인에 죽은 뒤에
삼일 후 부활하리라 못 깨닫는 제자들

맹인이 외치기를 다윗자손 예수시여
무엇을 원하느냐, 보기를 원합니다
네 믿음 너를 구원해 그 말씀에 눈을 떠

제 19장
예수님, 삭개오야 뽕나무서 내려오라
삭개오, 예수 영접 재산 절반 없는 자에
인자는 잃은 자 찾아 구원하러 왔노라

주인이 타국(他國)떠나며 종들에게 *열 므나씩
왕(王)되어 돌아와서 종에 준 돈 계산할 때
종들이 각각 남긴 돈 열과 다섯 한 므나

*므나(Menah, Mina) : 약 일백 드라크마 1드라크마 금 3~4g

열 므나 다섯 므나 남긴 종 충성된 종
남기지 못한 종은 악하고 게으른 종
남긴 자 더 받게 되고 못 남긴 자 빼앗겨

예수님 예루살렘 나귀타고 입성할 때
길 위에 겉옷 펴고 주 이름 오시는 왕
사람들 잠잠하며는 저 돌(石)들이 소리내

예수님 예루살렘 성을 보고 우시면서
원수들, 네 자녀들 완전 멸망 시키고서
돌 위에 돌 하나라도 남겨두지 않으리

예수님 성전에서 장사꾼들 쫓아내고
내 집은 기도의 집 강도 소굴 만들었다
서기관 대제사장이 예수 죽일 음모해

제 20장

예수여, 무슨 권세 이런 일을 행하는가
사람과 하나님 중 어디서 왔나 요한 세례
서기관 말을 못하자 나도 할 말 안 한다

포도원 주인이 *소작인에 내 몫 달라
주인이 보낸 종과 *아들까지 죽임당해
주인이 소작인 진멸 그 포도원 타인에

*소작인 : 서기관과 대제사장

*아들 : 예수님

겉모양 보지 않고 진리로 가르치니
세금을 *가이사에 바치는 것 옳으니까
가이사에 가이사의 것 하나님것 하나님께

*로마황제

형수를 칠 형제가 부인 삼고 모두 죽어
부활 때 그 여인은 누구의 아내인가
산자의 하나님이자라 천사처럼 동등해

서기관 주의하라 그들은 긴 옷 입고
시장서 인사 받고 높은 자리 좋아하니
과부의 재산 빼앗고 길게 기도 하느니

제 21장
부자와 과부가 헌금궤에 헌금할 새
과부는 두 렙돈 예수님 보시고서
생활비 전부한 헌금 누구보다 많도다

성전이 돌 위에 돌 남지 않고 무너지리
내가 곧 그리스도 그때가 왔다 해도
아무도 속지 말아라 당장 종말 안 온다

환난 날 민족 나라 대적하여 싸우겠고
지진과 굶주림과 전염병 발생 하리
큰 징조 하늘로부터 무서운 일 있으리

내 이름 인하여서 너희들 감옥 가고
심지어 부모형제 친척까지 너희 고발
그러나 머리털 하나 안 상하고 구한다

군대가 예루살렘 에워싸면 멸망 온다
이때가 형벌의 날, 포로 되고 죽임당해
그때에 구름 탄 인자(人子) 영광으로 오리라

여름이 가까운 줄 무화과나무 싹이 나면
세상의 여러 징조 천국이 가까이
천지는 없어지지만 안 없어져 주 말씀

방탕과 술 취함과 생활 염려 마음부터
종말이 덫과 같이 지구상의 모든 사람
언제나 깨어 기도해, 설 수 있게 주 앞에

제 22장

서기관 대제사장 예수님 죽일 음모
사탄이 가룟 유다 예수님 팔려할 새
저희가 기뻐하면서 돈 주기로 약속해

예수님 사도들과 다락방의 최후 만찬
떡 들고 감사기도 너희 위한 내 몸 이다
식사 후 잔을 드시고 피로 세운 새 언약

제자들 말다툼 누가 가장 위대하냐
너희는 세상의 집권자와 다르니라
너희는 어린이 같고 종 같아야 하느니

*시몬아, 사탄이 밀까불듯 너희 요구
네 믿음 지키도록 너 위해 기도했다
베드로 주와 함께 옥에도 죽는데도 갑니다
그러나, 닭 울기 전에 세 번 나를 부인해

*시몬:베드로

예수님, 감람산서 피땀 흘려 기도할 때
아버지, 고난의 잔 내게서 옮기소서
그러나 내 뜻이 아닌 아버지의 뜻대로

예수님 유다에게 입 맞추고 날 파느냐
제자 중 한 사람이 종의 귀 칼로 잘라
종의 귀 붙여주시고 강도 잡듯 예수 잡아

예수님 체포될 때 베드로 멀찌감치
사람들 너도 한 패 세 번씩 부인하고
예수님 말씀 생각나 심히 통곡 하니라

서기관 대제사장 예수님을 심문하자
하나님 아들이다 하나님의 오른편에
그러자 그들 말하길 신성모독 그 증거

제 23장
예수 그리스도 왕이라고 고발하자
빌라도 예수님께 유대인의 왕이더냐
이사람 아무 죄 없다 헤롯에게 보내어져

헤롯이 예수님께 여러 말 물었으나
예수님 침묵하사 대제사장 고소하니
헤롯이 예수님 조롱 빌라도에 또 보내

빌라도 말하기를 예수는 죄가 없다
*바라바 살려주고 예수는 십자가에
사람들 큰소리 외쳐 빌라도가 굴복해

*바라바 : 폭동과 살인죄로 감옥에 갇힌 사람

예수님 십자가를 시몬이 대신지고
날 위해 울지 말고 자녀위해 울을 지라
유대인 마른 나무라 온갖 고통 당한다

골고다 십자가에 예수님 못 박히셔
자기의 하는 것을 알지 못하나이다
두 명의 사형수들도 각각 우편좌편에
예수님, 아버지여 저희를 사(赦)하여 주옵소서

사람들 비웃으며 자신부터 구원하라
한 죄수 당신 나라에 임할 때에 나를 기억
진실로 네게 이르니 나와함께 낙원에

어두움 임하기를 *제 육시서 *구시까지
성소의 휘장이 한가운데 찢어지고
내 영혼 아버지 손에 맡깁니다 운명(殞命)해

*지금의 낮 12시

*지금의 낮 3시

백부장, 예수님이 정녕 의인(義人) 이었도다
군중들 그 일 보고 가슴치며 돌아가고
갈릴리 따라온 여자 멀리서서 보도다

요셉은 공회의원 아리마대 출신이라
예수의 시체 달라 빌라도에 요구해서
세마포 고이 입혀서 새 무덤에 모시네

그날은 안식일을 준비하는 금요일
예수님 함께 따라 갈릴리서 온 여인들
예수님 무덤 확인 후 향품 향유 준비해

제 24장

안식 후 *첫날 새벽 무덤 돌문 옮겨지고
무덤 속 두 사람이 찾아간 여자들에
예수님, 계시지 않고 살아나셨느니라

*첫날새벽 : 주일(主日), 일요일 새벽

두 제자 엠마오로 그들에게 예수님이
그들과 떡도 떼고 성경 풀어 주실 때에
그들의 눈이 밝아져 예수님을 알아봐

예수님 열한 제자 평강이 있을지라
의심한 제자들에 내 손과 발 만져보라
먹을 것 생선 한 토막 그앞에서 잡수셔

예수님 제자들에 성경을 깨닫게 해
죽은 자 가운데서 부활한 것 증인되라
너희는 능력 받기 전 *이 성(城)에서 머물라

*예루살렘성

예수님 제자들과 베다니에 나가시어
손들어 축복한 후 하늘 위로 올라가셔
제자들 경배하고서 예루살렘 돌아가

四

요한복음

Johannes
福音

四. 요한복음

■ 저자 : 요한(John)

■ 주제 : 예수님은 하나님의 아들이시다

■ 기록연대 : 주후(A.D.) 80~90년경

■ 주요인물 : 예수, 세례 요한, 예수의 제자들

■ 내용

예수님의 사랑받는 제자인 사도 요한에 의해 기록된 이 책은 우리에게 예수님에 관한 이야기를 들려주고 있다. 특히 요한은 예수님이 '하나님의 아들'이심을 증거하고 있다. 예수님은 처음부터 아버지 하나님과 함께 계셨고, 아버지의 보내심을 받고 이 땅에 오셔서 우리의 구원을 위해 일하신 후에 다시 아버지 하나님께로 돌아가셨음을 말해주고 있다.

제 1장

태초에 말씀 계셔 이 말씀이 곧 하나님
그 안에 생명 있어 사람들의 빛 이로다
어둠에 빛이 비치되 못 깨닫는 사람들

*요한이 빛을 증언 사람들 영접 안 해
영접해 믿는 자는 하나님 자녀권세
말씀이 육신이 되어 은혜 진리 충만해

*세례요한

요한이 사람들에 증언하며 외치기를
나보다 뒤에 온 이 나보다 먼저 계셔
독생자 하나님이신 그리스도 예수라

요한이 그리스도 엘리야도 아니니라
물세례 나는 주고 뒤 오는 분 그리스도
그분의 신발의 끈도 감히 풀기 어렵다

요한이 예수님을 먼저 계신 그분이라
세상 죄 지고 가는 하나님의 어린양
세례를 물로 주는 것 이스라엘 나타냄

요한이 물로 세례 예수님께 베풀 순간
성령이 비둘기같이 내려와서 예수 위에
예수님 성령의 세례 하나님의 독생자

요한이 예수 보고 하나님의 어린양
두 제자 그말 듣고 예수를 따르거늘
예수님 와서 보아라 안드레가 따르네

안드레 *시몬 찾아 메시야 만났노라
시몬을 데리고서 예수께로 나아오니
예수님, 이르시기를 너는 장차 *게바라

*베드로(반석), 시몬 같은 인물

예수님 빌립 만나 제자를 삼으시고

빌립은 나다나엘이 그리스도 만났노라
나사렛 무슨 선한 것 날 수 있나 말을 해

예수님 나다나엘 오는 것을 보시고서
참으로 나다나엘 간사함이 없느니라
전부터 무화과나무 아래 있을 때 보았다

예수님 하나님 아들 이스라엘 왕이라고
고백한 나다나엘 더 큰 일 보리로다
인자(人子)위 하나님 사자(使者) 오르내림 보리라

제 2장
가나에 혼인잔치 예수님과 제자들도
포도주 없다하니 항아리에 물 채우라
그물이 포도주 되어 처음 기적 행하셔

유월절(逾月節) 가까워서 예수님 예루살렘
성전 안 소와 양과 비둘기 돈 바꿀 새
내 집은 장사하는 집 아니니라 하시니

너희가 성전 헐면 삼일 만에 일으키리
사십육 년 지은 성전 어찌 삼일 다시 짓나
예수님 삼일 후 부활 가리켜서 한 말씀

제 3장
한밤 중 니고데모 예수님을 찾아올 새
사람이 거듭나야 천국을 볼수 있다
성령과 물로 나야만 갈 수 있다 천국에

하나님 세상을 이처럼 사랑하사
독생자 주셨으니 그를 믿는 사람마다
멸망치 아니하고서 영생 얻게 하신다

예수님 이 세상을 구원하려 오셨으며
믿는 자 심판 없고 안 믿으면 심판받아
진리를 따르는 자는 오느니라 빛으로

*요한도 세례주고 예수님도 세례주니
사람들 예수께로 모두 가서 세례 받아
요한이 그는 흥(興)하고 나는 쇠(衰)함이니라

*세례요한

하나님 보내신 이 만물 위에 계시면서
하나님 말씀하고 성령이 끝이 없어
아들을 믿는 자들은 영원토록 살리라

제 4장

예수님 사마리아 수가 마을 우물곁에
물 긷는 여인에게 물을 달라 하시니
어찌해 사마리아인에 물을 달라 합니까

여인아, 네가 나를 누군지 알았다면
나에게 생수 달라 하였을 것이리라
영원히 목마르지 않는 생수 네게 주리라

예수님 이르시길 아버지께 예배할 때
예배는 아버지께 참되게 드릴지니
하나님, 영(靈)이시니라 영과 진리 예배해

물동이 버려두고 여인이 동네 가서
이분을 와서 보라 그리스도 이시니라
사람들 동네서 나와 예수께로 오더라

예수님 나의 양식 하나님 일 이루는 것
눈 들어 밭을 보라 추수 때가 되었도다
수고는 딴사람하고 거두는 이 너희들

여인의 말을 듣고 사마리아인 믿었으나
예수님 자기 동네 머물기를 요구하며
이제는 말씀을 들어 구주임을 믿게 돼

선지자 고향에서 높임 받지 못하노라
한 신하 아들의 병 말씀으로 고치시니
예수님 갈릴리에서 둘째 기적 행하셔

제 5장
예수님 예루살렘 양문(羊門)곁 베데스다
병든지 삼십팔 년 앓고 있던 환자 치료
아버지 일하시나니 안식일에 나도 해

하나님 아들에게 심판을 맡기시고
말씀과 하나님을 믿는 자는 영생 얻고
죽은 자 아들의 음성 들을 때는 살리라

인자로 말미암아 심판 권한 주셨으니
선한 일 행한 자는 생명으로 부활하고
악한 일 행한 사람은 심판 부활 나온다

아버지 *나 위하여 친히 증언 하셨나니
성경이 내게 대해 증언하는 것 이니라
모세를 믿었더라면 또한 나를 믿으리

*예수님

제 6장

예수님, 빌립에게 많은 사람 먹게 하나
안드레 한 아이에 오병이어 있나이다
남은 것 열두 바구니 먹은 사람 오천 명

제자들 배를 타고 가버나움 향해 떠나
밤 깊자 강한 바람 예수님은 늦게 오셔
바다 위 걸어오시며 두려말라 나니라

너희들 영생 양식 위하여 일을 하라
어떻게 하여야 하나님 일 하오리까
하나님 *보내신 이를 믿는 것이 하나님 일

*예수님

예수님, 내가 곧 생명의 떡 이니라
내게로 오는 자는 굶주리지 않겠으며
믿는 자 목 안마르고 내쫓기지 아니해

아들을 믿는 자는 영생을 얻게 되고
그들은 마지막 날 다시 살릴 것일진대
이것이 하나님의 뜻 너희들은 알지라

믿는 자 영생 소유 예수님이 생명의 떡
*내 살은 참된 양식 *내피는 참된 음료
살과 피 먹고 마시면 영원토록 살리라

*성례식 때 떡과 포도주

제자 중 불신자와 배반자들 떠나가고
너희도 가려느냐 베드로는 주와 함께
너희 중 마귀 한사람 가롯 유다 가리켜

제 7장

예수님 유대지방 기적을 행하소서
안 믿는 친동생들 예수님께 말을 하니
내 때는 안 이르렀다 너희 먼저 올라가

예수님 *명절중간 성전에서 가르치니
유대인 놀라면서 어떻게 글 아느냐
내 교훈 내 것 아니라 하나님의 것이다

*초막절(Fease of Tambernacles) : 이스라엘 3대 절기 가운데 마지막 절기, 수장절 또는 장막절 10월초순경 7일 동안 초막에서 지냄

안식일 할례하며 모세 율법 지킨다만
오히려 모세 율법 너희는 안 지킨다
외모로 판단치 말고 공의롭게 판단해

참되신 하나님이 나를 보내셨음이라
유대인 이말 듣고 예수님을 잡으려해
*너희는 나를 못 잡고 *내 있는 곳 못 온다

*십자가 죽으신 후 부활을 말씀하심

누구든 목마르면 내게로 와 마시어라
*배에서 생수의 강 흘러나올 것이니라
어떤 이, 그리스도라 선지자라 말을해
*마음속

예수님 잡아오라 대제사장 바리새인
경비병 대답하길 예수님은 훌륭하다
선지자 갈릴리에서 나올리가 없나니

제 8장
간음한 여인하나 예수님께 끌고 와서
모세의 율법에는 간음한 자 돌로 치라
너희 중 죄 없는 자가 돌로 먼저 치거라

예수님 나는 세상 빛 이니라 말씀하셔
사람들 나 떠나면 생명의 빛 얻으리라
어디서 어디로 가는지 내가 나를 증거해

너희는 세상속해 내 가는 곳 너희 못 와
너희들 나 안 믿어 죄 가운데 죽을 지라
위에서 태어난 나는 이 세상에 안속(屬)해

너희가 내 말대로 살게 되면 참 내 제자
진리를 알게 되면 너희들 자유로워
하나님 속한 자들은 내말 듣고 영생해

제 9장
맹인은 죄 아니고 하나님 일 나타내려
예수님 진흙에 침 눈에 발라 *실로암에
안식일 눈 치료했다 바리새인 아우성

*뜻은 보냄을 받았다. 연못

맹인이 눈떴다고 바리새인 비난하자
예수님 너희가 맹인이면 죄가 없다
본다고 하는 너희들 죄가 그냥 남았다

제 10장

양(羊)우리 문 있는데 강절도(强竊盜)는 딴곳 넘어
목자는 자기 양을 이름 불러 인도한다
양들은 주인 음성에 그를 따라 가나니

내가 곧 양들의 문 먼저 온 자 강도 절도
내 양은 나를 알고 양들도 나를 알아
이러매 선한 목자는 양을 위해 목숨 버려

*수전절(修殿節) 예수께서 내 양은 나 따른다
영생을 내가주니 빼앗을 자 없느니라
하나님 나와 하나라 예수님이 말씀해

*수전절(Feast of Dedication) : 유다 마카비가 B.C 165/164년 성전을 깨끗케 하고 재건하여 새 번제단을 봉헌한 것을 기념하는 축제일

선한 일 아버지 일 안 하며는 믿지 말라
내 안에 아버지가 아버지 안 내가 있다
유대인 *참람하다며 예수님께 돌 들어

*참람(僭濫) : 하나님을 모독

제 11장

마리아 마르다가 나사로가 병들었다
죽을 병 아니니라 하나님 영광위해
나사로 잠들었도디 잠 깨우러 갈지라

나사로 이미 죽어 무덤에서 나흘이라
부활과 생명이니 믿는 자는 영원 생명
예수님 비통해 하사 흘리시니 눈물을

나사로 무덤 앞서 예수님 감사기도
예수님 큰 소리로 나사로야 나오너라
죽은 자 걸어 나오자 풀어주라 베수건

예수님 기적행해 불안해진 유대인들
예수님 죽이려고 *명절 즈음 모의하고
예수님 숨어 다니며 에브라임 머무셔

*유월절(逾月節)

제 12장

나사로 살아나서 잔치 벌인 마르다 집
마리아 *향유 부어 머리털로 예수님 발
가룟인(人) 유다말하길 향유 팔아 없는 자에

*나드향. 300데나리온 한 데나리온은 하루 품삯.

예수님 나귀타고 예루살렘 입성하자
군중들 호산나 찬송 이스라엘 왕이시여
나사로 살리신 기적 군중들이 증언해

밀 한 알 땅속에서 안 죽으면 그냥 한 알
죽으면 많은 열매 인자가 영광 얻어
누구든 자기의 생명 미워하면 영생해

누구든 나 따르면 하나님 귀히 여겨
예수님 하나님께 나를 구원 하옵소서
아버지, 아버지 이름 영광되게 하소서

땅에서 내가 들려 모든 사람 내게 오리
어둠이 덮치기 전 *빛 가운데 다니어라
너희는 빛을 믿어서 빛의 자녀 될지라

*예수님

기적을 베풀어도 예수님을 안 믿는 척
유대인 지도자도 믿는 이가 많았으니
회당서 쫓겨날까 봐 두려워서 말 못해

예수님 믿는 것은 하나님을 믿는 것이
예수님 믿는 사람 어둠 속에 살지 않아
세상을 심판 안 하고 구원하러 오셨다

제 13장

예수님 유월절 전날 저녁 식사 후에
대야에 물을 떠서 제자들의 발을 씻겨
허리에 두르신 수건 제자들의 발 닦아

네 발을 안 씻으면 나와 너는 상관없다
베드로, 예수님께 손 발 머리 씻어 달라
아니라, 목욕한 사람 발만 씻을 지니라

너희 발 내가 씻어 너희도 서로 발을
너희도 겸손하게 따라하면 복이 있다
하나님 영접하는 것 나를 곧 영접해

너희 중 한사람이 나를 팔 것이니라
예수 품 *안긴 제자 그가 누구이니이까
예수님 떡 한 조각을 가룟 유다 주시다

*요한

새 계명 주느니라 너희 서로 사랑하라
내가 너희 사랑하듯 너희 서로 사랑하라
너희가 서로 사랑하면 내 제잔 줄 알리라

베드로 이르되 *주님 어디로 가십니까
주님을 위해서는 목숨도 버리리라
그러나, 닭 울기 전에 나를 부인 세 번을

*라틴어 : 쿠오 바디스 도미네 (Quo Vadis Domine)

제 14장

너희는 네 마음에 근심하지 말지니라
아버지 집에는 있을 곳이 많이 있다
너희들 있을 곳 마련 나 있는 곳 너희와

도마가 주님에게 가시는 길 모릅니다
예수님 나는 곧 길과 진리 생명이다
나를 통하지 않고는 아버지께 못 간다

내 안에 아버지 아버지안 내가 있어
구하면 다 이룬다 내 이름으로 아버지께
보혜사 너희와 함께 영원토록 함께해

내 계명 지키는 자 나를 사랑하는 자니
그런 자 하나님께 사랑받을 것이로되
나도 그 사랑하여서 나타내리 그에게

보혜사 성령께서 주님 말씀 생각나게
평안을 네게 준다 세상 평화와 다르니라
너희는 두려워하고 근심하지 말아라

제 15장

아버지 농부이고 참포도나무 나이니라
너희는 가지이니 나 떠나면 열매 없다
너희가 내 안에 있어 무엇이든 구하라

열매를 많이 열면 아버지 영광 나의 제자
아버지 나 사랑하듯 나도 너희 사랑했다
너희가 사랑 안에 있어 기쁨 충만 하게해

너희를 사랑하듯 너희 서로 사랑하라
친구 위해 버린 목숨 더 큰 사랑 없느니라
너희는 나의 친구다 너희 선택 내가해

너희가 내 이름으로 무엇을 구하든지
아버지 너희에게 모두 주실 것이니라
너희게 명령하나니 너희 서로 사랑해

너희를 미워한 이 나를 먼저 미워했다
너희를 세상에서 택하였기 미워한다
보혜사 진리의 성령 그가 나를 증언해

제 16장

너희를 회당에서 쫓아내고 죽이는 자
그 행위 하나님을 섬기는 일로 생각한다
그들이 아버지와 나 알지 못함 이러라

사람들 나를 믿지 않는 것이 죄이니라
너희가 다시 나를 못 보는것 의(義)이니라
심판은 *세상 임금이 심판 이미 받았다

*사탄

성령이 오시며는 너희를 진리인도
들은 것 말을하며 장래 일 알리리라
내 영광 나타내는 것 너희에게 알리리

너희는 애통하나 세상은 기뻐한다
너희는 근심하나 도리어 기쁨된다
너희가 다시 나를볼 때 기쁨 넘칠 것이다

잠시 후 너희들 나를 보지 못하리라
제자들 예수님께 무슨 뜻 그 말씀이
지금은 슬퍼하지만 기쁨 넘칠 날 온다

너희가 나를 사랑 하나님이 너희 사랑
아버지 나온 내가 아버지께 돌아간다
너희들 용기 내어라 내가 세상 이겼다

제 17장

예수님 하나님께 우러러 기도하길
아들로 아버지를 영화롭게 하옵소서
만민들 영생 주시려 내게 권한 주도다

영생은 하나님과 그리스도 아는 것
창세전 하나님과 영화롭게 있었나니
만민을 내게 주시매 말씀으로 지켜내

예수님 비옵는 것 하나님 자녀 위한 것
아버지 이름으로 그들을 보전하여
그들을 멸망치 않고 구원하려 *악에서

*마귀

아버지 진리 말씀 진리로 거룩하게
아버지 내 안에 아버지 안 나도 있어
내 백성 주안에 있어 나를 믿게 하소서

세상이 아버지를 몰라도 나는 알아
아버지 이름을 그들에게 알게 하고
사랑이 그들의 안에 나도 있어 그들 안

제 18장
동산의 예수님을 잡으러온 경비병에
누구를 찾고 있나 *내가 바로 *그니라
베드로 칼을 가지고 *말고의 귀 베니라

*예수님

*말고 : 대제사장의 종

예수님 결박되어 안나스에 끌려가
베드로 문지키는 여종에게 예수 부인(否認)
경비병 대제사장이 예수님의 뺨때려

빌라도 총독 관저 끌려가신 예수님께
유대인 왕이더냐? *내가 왕 *네 말대로
예수님, 나의 나라는 이 세상이 아니다

*내가 : 예수님

*네 : 빌라도

빌라도 유대인에 예수의 죄 못 찾았다
유월절 관례대로 *유대인 왕 놓아주랴
유대인 소리 지르며 바라바를 놓아줘

*예수님

제 19장

예수님 채찍 맞고 가시관에 자색 옷을
빌라도 예수님을 놓아 주려 애썼으나
유대인 소리 지르며 못 박으라 십자가

유월절 *준비일 빌라도 재판석에
유대인 예수님을 십자가에 못 박으라
십자가 못 박으라고 예수님을 넘겨줘
*금요일

예수님 골고다에 강도들과 십자가에
죄패엔 유대인왕 예수님 옷 나눠가져
예수님 십자가 아래 어머니와 여인들

예수님 십자가서 어머니와 제자보고
여자여 보소서 아들입니다 하시고
보라 네 어머니라 내가 목마르다

예수님 다 이루었다 말씀 후 영혼 떠나
창으로 옆구리를 찌르자 물과 피가
그 뼈가 안 꺾이리라 성경말씀 이뤄져

예수님 제자 요셉 아리마대 사람으로
빌라도 허락받아 새 무덤에 장사할 새
*향품을 니고데모가 바르니라 시체에
*백(100)리트라 : 1리트라는 327g

제 20장
*안식 후 *첫날 일찍 막달라 마리아가
예수님 무덤의 돌 옮겨진 것 보고 놀라
베드로 요한과 함께 무덤으로 달려가
*안식일 : 지금의 토요일
*첫날 : 지금의 주일(主日)

예수님 무덤 안에 베드로 들어가니
예수님 시신 쌌던 수건과 세마포만
성경에 다시 사신단 말 못 깨달은 제자들

마리아 무덤 안을 울면서 들여다봐
흰 옷의 두 천사가 마리아에 왜 우느냐
내 주님 옮기어다가 어디둔지 말하라

예수님 마리아에 울며 누굴 찾고 있냐
마리아 예수님을 동산지기로 알았으나
예수님, 하나님께로 올라간다 전하라

유대인 두려워서 제자들 방문 잠가
예수님 들어오셔 평강이 너희에게
너희들 성령 받고서 죄 용서도 하여라

*도마는 예수님의 못 자국과 창 자국에
내 눈과 내 손으로 보고 만져야 믿을지라
예수님 보지 못하고 믿는 자가 복되다

*별명 디두모(쌍둥이)

예수님 많은 기적 제자 앞에 행하셨고
복음서(福音書) 기록 목적 예수님은 그리스도
하나님 아들을 믿어 영생 얻게 함이라

제 21장
베드로 *디베라서 물고기 못 잡을새
예수님 말씀하되 배 오른편 그물 던져
물고기 백 쉰 세 마리 주님 말씀 순종해

*갈릴리 호수를 말함

숯불 위 떡과 생선 잡은 생선 가져오라
예수님 너희들도 아침식사 하려무나
예수님 제자들에게 세 번째로 나타나

예수님 베드로에 나를 사랑 하느냐
베드로 주를 사랑 주님께서 아십니다
예수님 말씀하시길 내 어린양 먹이라

예수님 두 번째로 나를 사랑 하느냐
베드로 주를 사랑 주님께서 아십니다
예수님 내 양을 치라 베드로에 말씀해

예수님 세 번째로 나를 사랑 하느냐
베드로 슬픈 표정 주님사랑 주님아셔
예수님 내 양 먹이라, 너는 나를 따르라

베드로 젊었을 때 마음대로 다녔으나
늙으면 팔 벌리고 너를 데려 갈 것이다
베드로 하나님 영광 나타내는 죽음을

요한은 어찌되나 예수님께 묻자오니
요한이 나올 때까지 살아있다 하더라도
*너와는 상관없느니 너는 나를 따르라

*베드로

예수님 사랑하시는 제자 요한 그의 증거
진실된 것임이라 예수께서 행하신 일
낱낱이 기록된다면 세상 둘 곳 없도다

* * *

나의 주 나의 하나님,
내가 주를 믿고 찬양하나이다.
아멘

시조(時調)로 읽는
4복음서

초판발행일 | 2016년 6월 25일

지 은 이 | 유화웅
펴 낸 이 | 배수현
디 자 인 | 박수정
홍 보 | 배성령
제 작 | 송재호

펴 낸 곳 | 가나북스 www.gnbooks.co.kr
출판등록 | 제393-2009-000012호
전 화 | 031) 408-8811(代)
팩 스 | 031) 501-8811

ISBN | 979-11-86562-32-1(03230)

※ 가격은 뒤 표지에 있습니다.